O TÚNEL E A LUZ

Elisabeth
KÜBLER-ROSS

O TÚNEL E A LUZ
REFLEXÕES ESSENCIAIS SOBRE A VIDA E A MORTE

Tradução
Magda França Lopes

10ª edição

Rio de Janeiro-RJ / São Paulo-SP, 2024

VERUS
EDITORA

Editora: Raïssa Castro
Coordenadora Editorial: Ana Paula Gomes
Revisão: Katia de Almeida Rossini, Raïssa Castro, Aurea G. T. Vasconcelos e Rodrigo Nascimento
Capa e Projeto Gráfico: André S. Tavares da Silva
Diagramação: Daiane Avelino

Título original: *The Tunnel and the Light: Essential Insights on Living and Dying, with A Letter to a Child with Cancer*

Copyright © The Elisabeth Kübler-Ross Family Limited Partnership, 1999

All rights reserved. No part of this book may be reproduced or transmitted in any form or by any means, electronic or mechanical, including photocopying, recording or by any information storage or retrieval system, without permission in writing from The Barbara Hogenson Agency, Inc.

Tradução © Verus Editora, 2003

ISBN: 978-85-87795-45-8

Todos os direitos reservados. Nenhuma parte desta obra pode ser reproduzida ou transmitida por qualquer forma e/ou quaisquer meios (eletrônico ou mecânico, incluindo fotocópia e gravação) ou arquivada em qualquer sistema ou banco de dados sem permissão escrita da editora.

Fotografias: Ken Ross, copyright © 1999. Elisabeth Kübler-Ross na fazenda © 1989; Elisabeth Kübler-Ross com Erika e Eva (as trigêmeas, 1976) © 1976; Elisabeth Kübler-Ross em Kodiak Island, Alasca (consultando pacientes esquimós) © 1988; Elisabeth Kübler-Ross no Japão (1992) © 1992; Elisabeth Kübler-Ross com mulheres Ndebele (África do Sul, janeiro de 1994) © 1994; Elisabeth Kübler-Ross no Egito (Aswan, 1980) © 1980; Elisabeth Kübler-Ross na fazenda com as lhamas © 1991; Elisabeth Kübler-Ross na fazenda © 1989.

Este livro reúne textos das seguintes gravações de palestras dadas por Elisabeth Kübler-Ross: "Death Does Not Exist", Copyright © 1976 by Elisabeth Kübler-Ross; "Life, Death, and Life After Death", Copyright © 1980 by Elisabeth Kübler-Ross; "Healing in Our Time", Copyright © 1982 by Elisabeth Kübler-Ross; "The ARE Lecture", Copyright © 1985 by Elisabeth Kübler-Ross; "Making the Most of the Inbetween", Copyright © 1987 by Elisabeth Kübler-Ross; "The Tucson Workshop", Copyright © 1989 by Elisabeth Kübler-Ross.

Para saber mais sobre Elisabeth Kübler-Ross e seu trabalho, visite o *site* da autora: www.EKRFoundation.org

Verus Editora Ltda. Rua Argentina, 171, São Cristóvão, Rio de Janeiro/RJ
20921-380 | www.veruseditora.com.br

DADOS INTERNACIONAIS PARA CATALOGAÇÃO NA PUBLICAÇÃO (CIP)
(Câmara Brasileira do Livro, SP, Brasil)

Kübler-Ross, Elisabeth

O túnel e a luz: reflexões essenciais sobre a vida e a morte / Elisabeth Kübler-Ross; tradução: Magda França Lopes. — 10ª ed. – Rio de Janeiro, RJ : Verus Editora, 2024.

Título original: The Tunnel and the Light
ISBN 978-85-87795-45-8

1. Morte. 2. Morte – Aspectos psicológicos. 3. Vida futura. I. Título.

03-4170 CDD: 155.937

Índices para catálogo sistemático:
1. Morte: Aspectos psicológicos 155.937
2. Vida e morte: Psicologia 155.937

Revisado conforme o Acordo Ortográfico da Língua Portuguesa de 1990

SUMÁRIO

Sobre este livro..7

A MORTE É DE VITAL IMPORTÂNCIA..9
  Maidanek...11
  A linguagem simbólica...16
  Crianças que perdem pai ou mãe...........................21
  O irmão de Jamie..23
  Lorrie..24
  O menino em San Diego...32
  Interpretação de desenhos de crianças..................33
  Liz...38
  Dougy..45
  O significado do sofrimento....................................51
  À minha mãe divina..54

O CASULO E A BORBOLETA...58
  Os quatro quadrantes..59
  As cinco emoções naturais.......................................68
  Billy...73
  Jeffy...78
  A experiência de quase-morte.................................92
  Os denominadores comuns.....................................96

VIDA, MORTE E VIDA APÓS A MORTE 104
   Sra. Schwartz 106
   Não se pode morrer sozinho 109
   Susie 111
   Crianças que veem parentes mortos 113
   A mulher índia 115
   O vagabundo 117
   Peter 119
   Corry 120
   O túnel e a luz 121
   A revisão de vida 123
   A visita da Sra. Schwartz 124
   Uma de minhas primeiras experiências místicas 128
   Dizer sim... 131
   Consciência cósmica 136

A CURA NO NOSSO TEMPO 139
   A mulher paralisada 142
   A faxineira negra 146
   O tolo 150
   Bernie Siegel 159
   Os *workshops* 164
   Cristo 166
   Dougy novamente 168

DIZER SIM... 171
   Sexta-Feira Santa 171
   O suicídio por livre escolha 174
   O suicídio como resultado de uma depressão endógena 176
   A diferença entre salvamento e ajuda 177
   Minha mãe 180
   Meu pai 189
   Diagnosticando coelhinhos pretos 198

Carta a uma criança com câncer 201

SOBRE ESTE LIVRO

As palavras de Elisabeth Kübler-Ross, pronunciadas no impulso do momento, foram editadas aqui com o objetivo de criar um texto de leitura inteligível. Entretanto, tivemos dificuldade para preservar a qualidade da presença imediata evidenciada pelo magnetismo especial da autora, pelo seu poder de estabelecer uma relação direta com as pessoas, características que a tornaram famosa. Em nossa opinião, há um significado especial em apresentar Elisabeth Kübler-Ross "ao vivo" falando sobre o tema da morte e do agonizante – e essa é a chave da sua mensagem.

Há nestes capítulos diferenças inevitáveis em relação ao "original": por exemplo, várias versões da mesma história, contadas em diferentes ocasiões, foram editadas juntas em uma edição mais próxima da definitiva, colocada no contexto segundo a lógica da leitura. Algumas partes foram transferidas de uma conferência para outra, a fim de evitar digressões desnecessárias e dar ao leitor uma linha de pensamento a seguir. No entanto, nada de essencial foi mudado, e praticamente tudo o que estava nas fitas foi preservado.

O livro foi compilado das seguintes gravações de palestras proferidas por Elisabeth Kübler-Ross:

- *Death Does not Exist*, 1976
- *Life, Death and Life After Death*, 1980
- *Death Is of Vital Importance*, Estocolmo, Suécia, 1980
- "(Segunda palestra)", Estocolmo, Suécia, 1981
- *Healing in Our Time*, Washington, 1982
- *The ARE Lecture* (na Edgar Cayce Foundation), Virginia Beach, Virginia, 1985
- *Making the Most of the Inbetween*, 1987
- The Tucson Workshop (gravação particular), Tucson, Arizona, 1989

Conclui com "Carta a uma criança com câncer", escrita por Elisabeth Kübler-Ross em 1978, para Dougy, um menino de nove anos de idade que estava com câncer.

A MORTE É DE VITAL IMPORTÂNCIA

*N*asci na Suíça, em uma família tipicamente suíça, muito próspera como a maioria dos suíços, muito autoritária como a maioria dos suíços, muito... não liberal, digamos assim. Possuíamos todas as coisas materiais do mundo e meus pais eram amorosos.

Mas fui uma criança "indesejada". Não que meus pais não quisessem um filho. Eles queriam demais uma menina, mas uma menina bonita, graciosa, pesando 4,5 quilos. Não esperavam trigêmeas, e, quando eu nasci, pesava menos de um quilo. Era muito feia, não tinha cabelo e fui realmente um enorme desapontamento para meus pais. Quinze minutos depois, nasceu a segunda menina, e, após outros vinte minutos, nasceu uma menina com três quilos, e *então* todos ficaram muito felizes. Mas eles teriam gostado de devolver as duas primeiras.

Portanto, passei pela tragédia de ter nascido trigêmea, uma tragédia enorme, que não desejo ao meu pior inimigo. Se você for uma trigêmea idêntica, isso é muito peculiar, porque você pode literalmente cair morta e ninguém vai perceber a diferença. Eu tinha a sensação de que teria de provar, a minha vida toda, que mesmo eu, uma coisinha à toa de menos de um quilo, possuía algum valor. Tive realmente de me esforçar muito para isso, da mesma forma que algumas pessoas cegas acham que têm de se esforçar dez vezes mais que o restante das pessoas para conseguirem manter o seu emprego. Eu tinha de provar que era digna de viver.

Era necessário que eu nascesse e fosse criada como fui para poder realizar meu trabalho. Demorei cinquenta anos para entender isso. Demorei cinquenta anos para perceber que não há coincidências na vida – nem mesmo nas circunstâncias do nosso nascimento – e que as coisas que encaramos como tragédias podem não o ser, a menos que realmente desejemos considerá-las assim. Quando optamos por encarar as tragédias como chances ou oportunidades de crescimento, descobrimos que elas são também desafios e sinais necessários para que haja mudança em nossa vida.

Quando uma pessoa está no fim da vida e olha pra trás, não para os dias fáceis, mas para aqueles difíceis, para as tormentas da vida, ela percebe que foram justamente os dias difíceis que a tornaram o que ela é hoje. Isso se assemelha ao que alguém disse certa vez: "É como colocar uma pedra em uma britadeira. Você pode sair dela despedaçado ou polido." E ser criada como trigêmea é um desses desafios: durante anos e anos estar totalmente consciente do fato de que minha própria mãe e meu próprio pai não sabiam se estavam falando comigo ou com minha irmã; estar consciente de que meus professores não sabiam se eu merecia um A ou um F, e por isso sempre nos davam Cs.

Um dia, minha irmã marcou seu primeiro encontro com um namorado. Ela estava apaixonada, como uma típica adolescente fica pela primeira vez. A segunda vez que o rapaz a convidou para sair, ela ficou muito doente, não podia ir e ficou desolada. Então, eu lhe disse: "Não se preocupe. Já que você não pode ir e está preocupada e com medo de perdê-lo, eu vou no seu lugar. *[Risos.]* E ele nunca vai notar a diferença."

Perguntei-lhe até onde ela tinha chegado em seu namoro. Fui ao encontro no seu lugar, e seu namorado jamais percebeu a diferença. *[Risos.]*

Vocês podem pensar agora, olhando para trás, que essa é uma história engraçada; mas, para uma adolescente como eu, foi muito trágico pensar que uma pessoa pode estar apaixonada por alguém, sair com ela e, assim mesmo, ser total, completa e absolutamente substituível. Às vezes chego a ponderar se eu não sou minha irmã.

Precisei aprender essa lição muito cedo, porque, depois desse incidente, quando percebi que o namorado da minha irmã não sabia a diferença entre mim e ela, provavelmente fiz a escolha mais difícil de toda a minha vida: deixar a Suíça, minha família, a segurança do meu lar. Saí em viagem pela Europa do pós-guerra. Também vim à Suécia, onde dei um *workshop* para líderes de *workshops*.

MAIDANEK

Terminei em Maidanek, na Polônia, em um campo de concentração onde vi trens carregados de sapatos de crianças assassinadas e de cabelo humano. Ler sobre isso nos livros é uma coisa, mas estar ali, ver os crematórios e cheirar aquilo com seu próprio nariz é outra totalmente diferente.

Eu tinha 19 anos e vinha de um país onde não havia tormentas. Não tínhamos problema racial nem pobreza e não tínhamos guerra havia 760 anos. Eu não sabia o que era a vida. Naquele lugar, de repente, todas as tormentas da vida me atingiram. Depois de uma experiência como essa, uma pessoa nunca mais será a mesma. E eu abençoo esse dia. Sem aquela tormenta, eu não estaria realizando hoje este trabalho.

Perguntei a mim mesma como pessoas adultas, homens e mulheres como vocês e eu, podem matar 960 mil crianças inocentes e ao mesmo tempo se preocupar com seus próprios filhos, em casa, com catapora? Então fui até os barracões onde as crianças haviam passado a última noite de sua vida. Eu não sabia por que, mas, suponho, buscava mensagens ou sinais de como aquelas crianças haviam enfrentado a morte. Nas paredes do barracão, as crianças tinham rabiscado símbolos com as unhas ou com um pedaço de pedra ou giz, e o símbolo mais frequentemente encontrado eram borboletas.

Vi aquelas borboletas. Eu era muito jovem. Muito ignorante. Não tinha ideia do motivo pelo qual aquelas crianças de cinco, seis, sete, oito, nove anos de idade conseguiam ver borboletas! Elas haviam sido arrebatadas de suas casas, de seus pais, da segurança de seus lares e escolas, colocadas em carros de boi e enviadas para Auschwitz, Buchenwald e Maidanek!!! Demorei 25 anos para encontrar a resposta.

Maidanek foi o início do meu trabalho.

Em Maidanek, encontrei uma menina judia que ficara lá em vez de partir. Não conseguia entender o porquê. Ela havia perdido seus avós, seus pais e todos os seus irmãos e irmãs na câmara de gás do campo de concentração. A câmara de gás estava com sua carga completa e lá não cabia mais ninguém, por isso ela fora poupada.

Horrorizada, perguntei-lhe:

— E o que você está fazendo aqui? Por que continua neste local tão desumano?

Ela respondeu:

— Durante as últimas semanas no campo de concentração, jurei a mim mesma que iria sobreviver apenas para contar ao mundo todo os horrores dos nazistas e dos campos de concentração. Então chegou o exército da libertação. Eu olhei para aquelas pessoas e disse a mim mesma: "Não. Se eu fizer isso, não seria melhor que o próprio Hitler." Porque o que eu estaria fazendo, senão plantando ainda mais sementes de ódio e negatividade no mundo? Mas, se eu puder realmente acreditar que as pessoas só alcançam aquilo que elas conseguem pegar, que nunca estamos sozinhos, que posso reconhecer a tragédia e o pesadelo de Maidanek e deixá-los para trás; se eu puder atingir uma única vida humana que seja e tirá-la da negatividade, do ódio, da vingança, da amargura, transformando-a em alguém que possa servir, amar e cuidar, então isso valeu a pena e eu mereci sobreviver.

Negatividade só pode alimentar negatividade que, então, continuará a proliferar como um câncer. Mas nós também temos a opção de aceitar o ocorrido como uma realidade triste e horrível, que já aconteceu, que já passou e que não pode ser mudada. E ela fez essa escolha.

O que ela *podia* mudar, no entanto, era o que ela iria fazer, o que iria extrair de tudo o que acontecera. E então decidiu permanecer naquele terrível lugar de terríveis visões e odores.

Ela e eu fomos aos barracões. Ela e eu descobrimos as borboletas. Ela e eu começamos a conversar como duas jovens. Ela e eu começamos a filosofar juntas sobre a vida e sobre a morte. E foi ela quem me disse: "Você não acha, Elisabeth, que dentro de todos nós existe um Hitler?" Ela e eu percebemos, ainda muito jovens, que *realmente* depende apenas da nossa coragem encarar a própria negatividade e potencial negativo para nos tornarmos seres humanos dispostos a servir e a amar. Porque em todos nós há o potencial para nos tornarmos *também* uma Madre Teresa.

∞

Nossos caminhos se separaram. Voltei para a Suíça. Estudei medicina. Meu sonho era ir para algum lugar na África ou na Índia e me tornar uma médica como Albert Schweitzer. Mas, duas semanas antes da data em que deveria partir para a Índia, fui informada de que todo o projeto havia abortado. E, em vez de chegar às florestas da Índia, terminei na selva do Brooklyn, em Nova York. Casei-me com um americano, que me levou para a única parte do mundo que estava no fim da minha lista de lugares onde eu jamais desejei morar: a cidade de Nova York, a maior selva do mundo. Eu estava *muito* infeliz.

Como é impossível para uma médica estrangeira em Nova York encontrar uma boa residência em junho, terminei em um hospital estadual de Manhattan, com pacientes crônicos, irrecuperáveis, esquizofrênicos. Tinha dificuldade de entender o inglês desses pacientes. Quando falavam comigo em "esquizofrenês", era como se estivessem falando chinês. Eu não sabia nada de psiquiatria. Era uma boa médica, mas não uma psiquiatra.

Não sabendo realmente nada de psiquiatria, estando muito solitária, deprimida e infeliz e não querendo trazer infelicidade para o meu marido, voltei-me para os pacientes. Identifiquei-me com sua desgraça, com sua solidão e com seu desespero. E, subitamente, eles começaram a falar. Pessoas que não haviam falado por vinte anos começaram a verbalizar e a compartilhar seus sentimentos. De repente, eu soube que não estava sozinha em minha desgraça, embora a *minha* não chegasse à metade daquela que significava viver em um hospital estadual. Durante dois anos não fiz outra coisa senão viver e trabalhar com aqueles pacientes, participando com eles de todo Chanuca,* Natal e Páscoa, apenas para compartilhar sua solidão, já que eu não conhecia muito de psiquiatria, da psiquiatria teórica que se deve conhecer. Eu mal entendia o seu inglês, mas amávamos uns aos outros. Realmente nos importávamos uns com os outros.

Comecei a ouvi-los. Não a sua linguagem, mas suas comunicações não verbais, simbólicas. Então percebi que apenas duas coisas

---

* Em hebraico, *Hanukkah*: festa da Consagração ou das Luzes. (N. R.)

despertavam aquelas pessoas, fazendo com que se comportassem e reagissem como seres humanos. Ambas eram muito nocivas, mas ainda assim muito humanas: cigarro e coca-cola. Somente quando recebiam cigarro e coca-cola elas mostravam algumas reações e respostas humanas. Muitas delas tinham estado no hospital estadual, mais aprisionadas que animais, por mais de vinte anos.

Então tomei uma resolução – mais uma vez, eu tinha de fazer uma escolha. Tirei-lhes o cigarro e a coca-cola. Isso foi muito difícil para mim, porque sou uma "manteiga derretida". Disse-lhes que, se elas queriam aprender a ter respeito próprio, readquirir algum grau de dignidade e valor e se tornar novamente humanas, teriam de *conquistar* seus privilégios. E, em uma semana, aquelas pessoas que realmente não reagiam a nada estavam todas vestidas. Haviam penteado o cabelo, estavam usando sapatos e ficavam em fila para entrar na oficina a fim de realizar algum trabalho para conquistar seus próprios privilégios: cigarro e coca-cola.

Fazíamos coisas muito simples, como essas. Eu realmente amava aquelas pessoas, porque, enquanto eu crescia, aprendi o que era ter tudo e, ainda assim, não ter nada. Embora tivesse sido criada como trigêmea em um lar abastado onde eu me sentia amada e podia ter todas as coisas materiais, minha sensação era a de que não possuía absolutamente nada, porque ninguém sabia que eu existia como um ser humano único.

Então, em vez de falar sobre o esquizofrênico do quarto 17 e sobre o maníaco-depressivo do quarto 53, passei a conhecer aquelas pessoas pelo nome, a conhecer suas idiossincrasias, seus gostos e suas aversões. E elas começaram a reagir a mim.

Dois anos mais tarde, conseguimos dar alta a 94% daqueles chamados esquizofrênicos irrecuperáveis crônicos e deixá-los não a cargo do Serviço Social, mas sustentando a si mesmos, na cidade de Nova York. Fiquei muito orgulhosa disso.

Acho que o maior presente que esses pacientes me deram foi ensinar-me que há algo além das drogas, além do tratamento com eletrochoque e além da ciência da medicina; que, com amor e atenção verdadeiros, é possível realmente ajudar e recuperar muitas e muitas pessoas.

O que estou tentando dizer-lhes é que o conhecimento ajuda, mas o conhecimento *sozinho* não vai ajudar ninguém. Se não usarmos a cabeça, o coração e a alma, não vamos ajudar um único ser humano. Em todo o meu trabalho com pacientes aprendi que, quer sejam eles esquizofrênicos crônicos, quer crianças severamente retardadas, quer pacientes à beira da morte, cada um tem um propósito. Cada um pode não apenas aprender conosco e ser ajudado por nós, mas pode realmente ser nosso mestre. Isso é verdadeiro até mesmo com relação a bebês retardados de seis meses de idade que não podem falar. Também é verdade com respeito a pacientes esquizofrênicos irrecuperáveis, que se comportavam como animais quando os vimos pela primeira vez.

A LINGUAGEM SIMBÓLICA

O segundo presente que meus pacientes esquizofrênicos me deram foi me ensinar uma linguagem sem a qual eu não teria conseguido trabalhar com crianças que estão à beira da morte. Essa linguagem é a linguagem simbólica, universal, que as pessoas do mundo todo usam quando estão em crise. Se você for criado naturalmente – não normalmente, porque normalmente significa absolutamente não natural –, você nunca terá de ler livros sobre a morte e sobre o morrer para trabalhar com pacientes terminais, porque será capaz de aprender o que precisa ser feito, assim como eu aprendi no Hospital Estadual de Manhattan. Sempre digo – meio brincando, porque sou séria quanto a isso – que as únicas pessoas honestas que existem sobre a terra são os psicóticos, as crianças pequenas e os pacientes à beira da morte. E, se usarmos esses três tipos de pessoas – e eu quero dizer "usar" em sentido positivo –, se conseguirmos aprender a ouvi-las, ouvi-las de verdade, elas vão nos ensinar o que chamamos de linguagem simbólica.

Pessoas que estão sofrendo, pessoas que estão em choque, pessoas em estado de torpor, pessoas que são atingidas por uma tragédia que elas acreditam estar além da sua compreensão, além da sua capacidade de enfrentamento, usam essa linguagem. Crianças que estão morrendo, diante da morte iminente, também a conhecem, mesmo que essa linguagem nunca lhes tenha sido ensinada.

A linguagem simbólica é uma linguagem universal e é usada por todas as pessoas do mundo. Ninguém que esteja à beira da morte, tenha cinco ou 95 anos de idade, desconhece que está morrendo. E a pergunta a ser feita não é: Devo lhe dizer que ele está morrendo? A pergunta é: Consigo ouvi-lo?

Uma paciente pode lhe dizer, por exemplo: "Não vou estar aqui para o seu aniversário em julho." Será bom se você conseguir ouvi-la sem que a sua própria necessidade o faça dizer: "Não diga isso. Você vai ficar boa." Tal fala interromperá a comunicação entre a paciente e você, porque ela vai entender que você não está pronto para ouvir, e por isso você irá literalmente emudecê-la e fazê-la sentir-se muito sozinha. Mas, se você não tem problemas em relação à morte e ao morrer, se você reconhece que essa mulher sabe internamente que está próxima da morte, então você se senta junto a ela, toca-a e diz: "Quer que eu faça alguma coisa para a senhora, vovó?", ou qualquer coisa parecida.

Contaram-me sobre uma jovem que estava visitando sua avó. Esta tirou o anel do dedo e o deu à neta sem dizer uma palavra. Isso é linguagem não verbal, simbólica. Ela simplesmente o colocou em seu dedo. E a neta não disse: "Oh! vovó, não faça isso. Você adora este anel. Quero que ele fique com você." Em vez disso, ela perguntou: "Você quer realmente que *eu* fique com ele?" E a avó assentiu. *[Elisabeth demonstra como a avó acenou com a cabeça.]* Então, a neta disse: "Por que você não...", e interrompeu o que pretendia dizer, que era: "Por que você não espera e me dá o anel de presente de Natal?", pois percebeu imediatamente que a avó devia saber que não estaria mais ali no Natal. E a avó ficou muito, muito feliz, por ter tido o privilégio de lhe dar o anel. Ela morreu dois dias antes do Natal. Isso é linguagem simbólica, não verbal.

∞

Mas muito frequentemente os pacientes *não* falam conosco com clareza. Muitas pessoas percebem nossa ansiedade quando as visitamos, e isso faz com que elas comecem a falar sobre o tempo – não porque estejam interessadas nele, é claro, mas porque percebem o nosso estado e, assim, guardam seus problemas para si. A razão disso é que elas não querem aumentar a *nossa* ansiedade, porque temem que, se o fizerem, talvez possamos ir embora e não voltemos a visitá-las.

Quando as pessoas tentam nos transmitir sua própria consciência de uma doença terminal ou de qualquer outra tragédia com respeito a isso, elas usam basicamente três linguagens: uma delas seria usar a língua de origem, de forma clara. Se os pacientes nos dizem, quando os estamos visitando: "Eu sei que tenho câncer. Não vou mais sair deste hospital", essas são pessoas que nós escutamos, que ajudamos, às quais reagimos porque permitem que a situação fique mais fácil. Elas iniciam a nossa comunicação, chamam as coisas pelo seu próprio nome. São pessoas que *não* precisam da nossa ajuda. Porque pacientes terminais que conseguem falar claramente sobre o próprio câncer e sobre a própria morte são pessoas que já transcenderam seu maior medo: o medo da morte. Na verdade, são elas que *nos* acabam ajudando, e não o contrário. Podemos jamais admiti-lo, mas elas são realmente *nossos* terapeutas, são um presente para *nós*.

No entanto, não é delas que estou falando aqui. As pessoas que precisam da nossa ajuda, que precisam dela desesperadamente, são aquelas que estão em estado de choque e entorpecidas, que não estão preparadas para as tormentas da vida, que foram mimadas na vida e para as quais tudo foi fácil e tranquilo, que vêm de famílias nas quais foram protegidas de todas as dificuldades. Essas pessoas foram criadas em uma estufa. Mais cedo ou mais tarde, as tormentas as atingem, e elas não estão preparadas para enfrentá-las, como os pais que perderam todos os seus filhos com diferentes manifestações de câncer em um período de seis meses e ficaram sem filhos. Essas pessoas ficaram imersas em tal sofrimento, em tal descrença de que isso lhes pudesse ter acontecido, que não conseguiam falar a respeito em linguagem clara. Então, recorreram à linguagem simbólica. Peço-lhes que aprendam essa linguagem para que estejam aptos a ouvi-las.

Há dois tipos de linguagem simbólica: a linguagem simbólica não verbal e a linguagem simbólica verbal. Ambas são linguagens universais que podemos usar no mundo todo. E, quando vocês entenderem essa linguagem, que as crianças usam quase que exclusivamente, então nunca terão de fazer suposições, nunca terão de jogar e começarão a entender que toda criança e todo adulto à beira da morte sabem – nem sempre consciente, mas subconscientemente – que estão morrendo. Eles vão compartilhar com vocês a única coisa que precisam compartilhar, que é a sua tarefa inacabada.

Alguns de vocês devem saber o que é uma parábola. Jesus era muito inteligente. Ele sabia que queria transmitir a muitas pessoas o que Ele veio para ensinar. Mas a população não estava preparada;

pelo menos, muitas pessoas não estavam. Então, Ele preferiu usar parábolas, sabendo que aqueles que estivessem preparados para ouvir, iriam ouvir. E os outros ainda estão coçando a cabeça, dois mil anos depois. *[Risos.]* Essa é exatamente a linguagem que minhas crianças que estão morrendo empregam quando *nos* provocam – e elas realmente provocam aqueles com quem usam essa linguagem. Pode ser uma auxiliar de enfermagem ou alguém que elas considerem capaz de entendê-la. Crianças de três, quatro anos de idade, olham para nós e olham através de nós e sabem se podemos captar sua linguagem ou se imediatamente vamos dizer: "Crianças não sabem nada dessas coisas. Ele está falando por falar."

Elas usam uma linguagem muito similar à das parábolas, uma linguagem simbólica, e, se menearmos a cabeça quando não sabemos do que elas estão falando, somos rapidamente rejeitados. Por outro lado, se entendemos que estão tentando nos dizer algo, mas temos uma experiência limitada, podemos dizer: "Você está tentando me dizer alguma coisa, mas não estou entendendo bem o que é. Diga de novo!" Então, eles vão repetir de duas, três, quatro, dez maneiras diferentes, até conseguirmos entender.

∞

A maioria das vezes não é preciso mais que um telefonema para casa para ajudar as famílias e os pacientes a avaliar – de certa maneira, diagnosticar – sua tarefa inacabada e ajudá-los a se livrar dela, a fim de poderem ir adiante e enfrentar a morte iminente com paz e serenidade, sem medo e sofrimento.

Quando um paciente usa a linguagem simbólica, isso significa que nos está testando para ver se estamos prontos para lhe dar aquilo de que precisa. As crianças pequenas usam quase que exclusivamente a linguagem simbólica, não verbal. E a linguagem mais simples, mais bonita e mais útil usada pelas crianças são os desenhos.

Susan Bach, analista junguiana de Londres, desenvolveu um método para interpretar desenhos espontâneos de crianças internadas em um hospital de Zurique onde eu trabalhei durante 15 anos. Ela pedia às crianças, todas com tumor cerebral, para fazerem um desenho qualquer, e então descobriu que todas revelavam, através dos desenhos, consciência da sua patologia e até mesmo a localização do tumor cerebral. E, quando ela aprendeu a analisar os desenhos, começou a perceber que as crianças não apenas tinham consciência do que estava acontecendo no interior do próprio corpo, mas também frequentemente revelavam como e quando iam morrer.

Quando temos crianças com leucemia, câncer ou outras enfermidades, pedimos-lhes que façam um desenho, e assim elas revelam a própria percepção subconsciente de sua enfermidade. Usando a linguagem não verbal simbólica, nós as ajudamos a terminar sua tarefa inacabada, e então elas podem ajudar os pais a enfrentar sua morte iminente.

Alguns de vocês já tiveram em mãos meu livro *To Live Until We Say Goodbye* [Viver até o momento da despedida] e viram o desenho que uma menina de cinco anos de idade, Jamie, fez de um balão roxo subindo ao céu. Roxo é a cor da espiritualidade. Seu conceito de morte era que, num futuro muito imediato, ela seria um espírito subindo para o céu.

CRIANÇAS QUE PERDEM PAI OU MÃE

[Pergunta da plateia:] "Eu gostaria que a senhora falasse sobre as crianças e suas reações após terem perdido pai ou mãe."

As crianças vão reagir à morte do pai ou da mãe dependendo de como foram criadas antes da ocorrência da morte. Se os pais não têm medo da morte, se não pouparam seus filhos, mas compartilharam com eles, por exemplo, a morte de um bichinho de estimação ou a morte de uma avó, e se eles puderam participar do cuidado do pai ou da mãe enfermo em casa e foram ao seu funeral, vocês não terão problemas com as crianças.

Essa é uma das principais razões por que levamos mães e pais jovens para morrer em casa. A criança menor pode ficar responsável por colocar a música preferida da mamãe. Outro filho, por levar-lhe o chá. Um terceiro se responsabilizará por outra coisa qualquer. Dessa maneira, as crianças *participam* do cuidado do pai ou da mãe que está morrendo. Nos últimos dias de sua vida, quando chega o momento em que a mãe não consegue mais falar e entra em coma, as crianças ainda podem tocá-la, amá-la e abraçá-la. Então, pode-se dizer às crianças que a mamãe está em coma; que isso é como se estivesse num casulo; que ela ainda está muito viva e pode ouvir tudo o que dizem. Consegue até ouvir música. Mas não consegue mais falar ou responder. Se é permitido às crianças participar desse processo, elas terão uma experiência de aprendizagem incrivelmente bela.

Mas, se a mãe está em um hospital ou em uma unidade de terapia intensiva, especialmente nos Estados Unidos, onde as crianças não podem entrar em hospitais, elas vão ter terríveis pesadelos sobre o que acham que estamos fazendo com sua mamãe. E, se depois disso tudo não lhes for permitido ir ao funeral, terão muitos medos e muitas tarefas inacabadas, talvez por muitos e muitos anos.

Nosso lema preferido é: "Se protegêssemos os cânions contra as tormentas, jamais veríamos a beleza de seus entalhes." Isso significa que não devemos poupar nossos filhos, que não devemos colocá-los numa redoma, porque, de qualquer modo, não podemos protegê-los. Quando impedimos nossas crianças de ter uma oportunidade de crescer e de se preparar para a vida, a única coisa que conseguimos é poupar a nós mesmos.

O IRMÃO DE JAMIE

Os irmãos são o maior problema quando trabalhamos com crianças que estão morrendo, e o belo exemplo que se pode extrair disso está em *To Live Until We Say Goodbye*, em que Jamie, a garotinha de cinco anos de idade que já mencionei anteriormente, morreu de um tumor no tronco cerebral. Conseguimos levá-la para casa. Seu irmão, na época com oito anos, pôde participar do cuidado de sua irmã. Quando chegava da escola – ele normalmente dizia a seus colegas que agora tinha de trabalhar –, ligava o oxigênio e, com muita delicadeza, dava um pouco à irmã. Então, afastava-se da cama; ao perceber que ela precisava de sucção, com incrível amor e ternura, lá estava ele para servi-la. Na ocasião da morte da irmã, ele não teve qualquer problema com o luto. Sentiu apenas tristeza.

Quando saiu o livro com fotos dele e de sua irmã em seus últimos dias, naturalmente fui visitá-lo, imaginando como iria reagir a isso. Primeiro, ele olhou apenas suas próprias fotos, que é o que todos nós fazemos, embora finjamos olhar também as outras. *[Risos.]* Tendo aprovado suas próprias fotos, examinou todo o capítulo sobre a irmã. Sua reação ao que viu, aliás muito bonita, foi: "Estou muito satisfeito de que isso tenha aparecido na forma de livro. Porque, se meus colegas perderem um irmão ou uma irmã, podem olhar o *meu* livro e saber o que têm de fazer." Ele teve uma enorme sensação de orgulho e realização e não se sentiu negligenciado e rejeitado como se sente grande parte de irmãos e irmãs de crianças que estão morrendo.

Quando houver crianças cuja mãe ou pai está morrendo e a família perguntar: "Como vamos preparar as crianças?", simplesmente peçam-lhes para desenhar, e elas vão lhes dizer quanto sabem sobre a morte imediata ou iminente da mãe ou do pai. Vou lhes dar um exemplo prático disso.

LORRIE

Uma professora nos telefonou certo dia e relatou que uma criança da primeira série, no início das aulas, estava tendo um excelente desempenho; no entanto, alguns meses depois, este começara rapidamente a deteriorar. Ela não conseguia entender o porquê. Telefonou, então, para a casa da criança. Lá foi atendida por uma tia de sua aluna. Muito zangada, disse-lhe que a mãe da criança se encontrava em coma no hospital havia duas semanas, e sua morte era esperada a qualquer momento.

Naturalmente, a professora perguntou à tia se as crianças (a menina tinha uma irmã um ano mais nova que ela) estavam preparadas para a morte da mãe. Ela respondeu que não. Não apenas ninguém havia contado às crianças como, nas últimas duas semanas, elas não haviam visto seu pai, porque, desde que a mãe havia entrado em coma, o jovem marido estava saindo para trabalhar cada vez mais cedo pela manhã e indo direto do trabalho ao hospital, para ficar com a esposa que estava morrendo. Quando ele chegava em casa, suas duas filhas já estavam dormindo.

Muito sensatamente, propôs a professora: "Alguém precisa conversar com essas crianças antes que o fato ocorra." E a tia, muito zangada, replicou: "Então, converse *você* com elas! Mas, se quiser fazer isso, faça agora, porque amanhã poderá ser tarde demais." E desligou o telefone na cara da pobre professora. Os professores também não estão preparados para esse tipo de trabalho.

A professora me telefonou e perguntou se eu poderia ajudá-la. Disse-lhe que ela podia levar as crianças até a minha casa depois da escola, mas com uma condição: que ela ficasse lá conosco para ver como eu ia agir com as crianças, para que, numa próxima vez, ela própria pudesse fazê-lo sozinha. E ela ficou.

Atendo todos os meus pacientes terminais em domicílio, e alguns parentes vêm à minha casa por razões puramente econômicas. Todas as crianças que podem andar, eu as recebo na minha cozinha. Não tenho um consultório médico, porque isso é muito assustador para elas. Também não as recebo na sala. Recebo-as na cozinha, porque minha cozinha tem uma lareira, e, em Chicago, onde a temperatura às vezes chega a quarenta graus abaixo de zero, é muito bom ficar sentado próximo a uma lareira.

Eu faço uma coisa muito "horrível" e anti-holística. Sempre sirvo coca-cola e *donuts*. *[Risos.]* Esse é o alimento mais nocivo que se pode servir a uma criança, e estou ciente disso como médica. Mas vou lhes dizer por que faço isso: essas são crianças que ainda não foram informadas da verdade sobre a condição de sua mãe. Elas já não confiam nos adultos. Seu desempenho na escola já vem deteriorando-se. Isso significa que estão muito perturbadas e não têm ninguém com quem se comunicar honestamente. Vocês podem facilmente entender o que aconteceria com uma criança de jardim de infância ou primeira série, muito desconfiada, se a professora, após a escola, a levasse a um psiquiatra e a alimentasse com germe de trigo ou brotos de feijão. *[Risos.]* Em vez disso, dou-lhes aquilo com que elas se sentem mais à vontade. Se isso é saudável ou não, é algo total e completamente irrelevante *nesse* momento. É muito importante que vocês prestem atenção nisso. Porque estaríamos fazendo um mau uso da nossa autoridade e da nossa posição se tentássemos, nesse momento, incutir-lhes hábitos alimentares mais saudáveis. Nós, adultos, tendemos a fazer isso, e as crianças, muito compreensivelmente, se afastam de nós. Talvez um ano mais tarde, quando essas crianças forem minhas amigas porque nos ajudamos durante um momento muito difícil, elas se disponham a me ouvir. Então vou convidá-las novamente à minha cozinha e prepararemos juntas alguns alimentos saudáveis.

Tenho de dizer isso porque, no passado, quando não explicava por que lhes dava coca-cola e *donuts*, recebia cartas incrivelmente hostis das pessoas e, definitivamente, não preciso mais delas. *[Risos.]*

Em geral, sento-me com as crianças diante da mesa da cozinha e, enquanto elas comem seus *donuts* e tomam sua coca-cola, peço-lhes para fazerem um desenho. Dou-lhes uma caixa de lápis de cor e, em dois minutos, descubro o que essas crianças sabem. Podemos então conversar abertamente a respeito disso, e, meia hora depois, elas saem da minha casa e estão bem. E isso é simples *assim*.

O que essa menina da primeira série desenhou foi muito bonito. Ela desenhou uma figura estilizada vermelha, com pernas muito compridas – vermelho vivo é sempre uma cor de perigo – e, próximo a ela, uma espécie de símbolo indígena. Antes de acabá-lo, ela o riscou, muito zangada, novamente usando o vermelho, que simboliza raiva e sofrimento. Olhei a figura estilizada, que tinha pernas totalmente distorcidas, e disse:

– Imagino que esta é sua mamãe.

Ela disse laconicamente:

– É.

– Meu Deus, uma mamãe com pernas assim deve ter dificuldade para andar – comentei.

Ela olhou para mim como se estivesse me testando e disse:

– As pernas da minha mãe estão tão mal que ela nunca mais vai andar conosco no parque.

Então, a professora interferiu – elas sempre interferem! *[Risos.]*:

– Não, doutora Ross, isso não é verdade. A mãe dela está com câncer generalizado. A única parte do seu corpo que não foi tomada pelo câncer são as pernas.

– Obrigada – respondi. – Mas não quero a *sua* realidade. Preciso da realidade da criança. – Ela entendeu o que eu queria dizer.

Então, cometi um erro. Voltei-me para a criança e comentei:

– Lorrie, as pernas de sua mãe devem estar horríveis!

Muito aborrecida, ela reafirmou:

— Eu *disse* a você que as pernas da minha mãe estão tão mal que ela nunca mais vai andar conosco no parque. — Como se dissesse: "Você não escutou?"

Então, eu a escutei. Em seguida, perguntei-lhe sobre aquela engraçada figura indígena. Ela não quis me contar.

Há alguns truques nesse trabalho que aprendemos por tentativa e erro. Se quisermos que uma criança nos conte a verdade, tudo o que precisamos fazer é adivinhar errado. Mais cedo ou mais tarde, elas ficam cansadas das nossas perguntas idiotas e contam a verdade. *[Risos.]*

Mas não podemos enganá-las. Se eu soubesse o que era aquilo e tivesse fingido ignorância, a criança teria percebido imediatamente. De fato não sabia o que aquela figura simbolizava e, por isso, supus todo tipo de coisas, e todas estavam erradas. Então, muito aborrecida, ela revelou:

— Não, isso é uma mesa virada.

— Uma mesa virada? — perguntei.

— É. A mamãe nunca mais vai jantar conosco na mesa da cozinha — replicou ela.

Se uma criança nos disser "nunca mais" três vezes em três minutos, *nós* vamos perceber que *ela* sabe. Assim, passei da linguagem simbólica para a linguagem clara:

— Sua mamãe nunca mais vai jantar com vocês na mesa da cozinha e nunca mais vai andar com vocês no parque. Para mim, isso significa que sua mamãe não vai ficar boa. Para mim, isso significa que ela vai morrer.

Ela olhou para mim e confirmou:

— É! — querendo dizer: "Por que você demorou tanto a entender?" *[Risos.]*

E é essa a linguagem... e é isso que quero dizer quando afirmo: Nós não *lhes* contamos as coisas. São elas sempre — e eu disse *sempre* — que *nos* contam, se entendermos a sua linguagem.

Perguntei-lhe o que significava para ela o fato de que sua mãe ia morrer, e ela disse muito rapidamente:

– Minha mãe vai para o céu.

– O que *isso* significa pra você? – continuei.

Ela apertou muito os lábios, deu um passo para trás e disse, laconicamente:

– Não sei.

Quantos de vocês nesta plateia – se tentarem se comportar de maneira normal durante dois minutos, e isso significa não serem tímidos *[risos]* –, quantos de vocês diriam a duas crianças como essas, cuja mãe está morrendo, algo como "Sua mamãe vai para o céu"? *[Silêncio.]* Sejam honestos e levantem as mãos! *[Tosses e inquietação.]*

Eu vejo duas mãos levantadas. Vocês acham que apenas dois de vocês fariam isso? *[Risos e tosses.]* Vocês acreditam nisso?

Se duas crianças cuja mãe vai morrer dentro de dois dias perguntassem a vocês: "O que vai acontecer com a minha mamãe quando ela morrer?", quantos de vocês, de uma maneira ou de outra, responderiam: "Sua mamãe vai para o céu"? *[Agitação.]*

Agora temos cerca de trinta mãos levantadas! Se eu continuar a lhes perguntar mais dez vezes, pouco a pouco chegarei à resposta certa. *[Risos.]* É isso que lhes quero mostrar e que é verdade em todo lugar do mundo.

Quantos de vocês nunca, jamais, disseram: "Sua mamãe vai para o céu"? *[Silêncio breve. Nenhuma mão levantada. Risos.]* Esse é o número preciso. Em geral.

A razão por que tento lhes mostrar isso é que a maioria das pessoas, se forem honestas e não tiverem medo de dizer a coisa errada em público, vão admiti-lo. Essa é a declaração mais frequente que os adultos fazem às crianças. E essa resposta implica que sua mamãe vai para um bom lugar, onde não há mais dor, onde não há mais sofrimento. Eis por que vocês recorrem a ela. Mas isso *também* significa: "Por favor, agora parem. Não façam mais perguntas e vão brincar!" Não admitimos, mas essa é a verdade.

O que os adultos querem dizer a essas crianças é: "Sua mamãe vai para um bom lugar, onde não há mais dor, onde não há mais sofrimento." É o que esperamos transmitir a essas crianças. E, no dia seguinte, quando a mamãe morrer, os mesmos adultos vão chorar e se comportar como se a maior tragédia houvesse ocorrido. Vocês entendem por que suas crianças não acreditam em vocês? Esse tem sido o maior problema.

Eu disse a Lorrie: "Não vou falar sobre o céu. Acho que é muito, muito importante que você saiba o que está acontecendo com sua mãe neste momento. Sua mãe está em coma. Isso significa que se encontra como que em um casulo. O inseto no casulo parece que está morto. Sua mãe não pode mais abraçar você. Não pode mais falar com você. Não pode mais responder a você. Mas ela *escuta* cada palavra que você diz. E logo, daqui a um ou dois dias, o que vai acontecer com sua mãe é o que acontece com uma borboleta. Quando chegar a hora, o casulo vai se abrir e a borboleta vai sair voando." (Essa é a linguagem simbólica, verbal.)

E conversamos sobre borboletas e casulos. Ela fez muitas perguntas sobre a mãe, e eu pedi ao médico que abrisse uma exceção à regra – nos hospitais americanos, não é permitida a visita de crianças. Nós telefonamos e recebemos permissão de um médico muito afetuoso; ele iria introduzir clandestinamente aquelas crianças no hospital.

Perguntei-lhes se elas queriam ver a mamãe mais uma vez para dizer-lhe todas as coisas que precisavam ser ditas antes que ela morresse. As crianças, muito zangadas, disseram:

– Eles não vão nos deixar entrar.

– Querem apostar? – perguntei. (É assim que eu ganho todas as minhas apostas hoje em dia.)

Acreditamos veementemente que é melhor dar flores às pessoas enquanto elas estão vivas do que empilhá-las sobre o seu caixão. Acreditamos veementemente que, se as pessoas gostam de música, elas devem ter música num momento como esse. Perguntei às crianças qual era a música preferida de sua mãe. A mãe delas adorava John Denver. Então, demos às crianças fitas de John Denver.

∞

Após cerca de quarenta e cinco minutos, minha consulta estava terminada. Foi um tempo muito bem empregado e teve consequências incríveis. A professora me telefonou no dia seguinte, chorou e disse que fora a visita mais comovente que ela já havia feito em um hospital.

Ao abrir a porta do quarto do hospital, viu aquela mãe em coma. O marido estava a *esta* distância da cama *[Elisabeth abre muito seus braços]*, um quadro de total solidão. Ninguém a tocava. As duas meninas irromperam no quarto, pularam na cama da mãe e, com grande alegria e encantamento – elas não estavam mórbidas nem deprimidas nem infelizes –, compartilharam com a mãe que sabiam que ela não podia mais abraçá-las, mas conseguia escutar cada palavra que elas diziam, e que logo, dali a um ou dois dias, ela estaria livre como uma borboleta. O pai, naturalmente, começou a soluçar e a chorar e, finalmente, abraçou suas filhas e se comunicou com elas.

A professora, muito discretamente, deixou-os sozinhos para desfrutarem daquele momento de privacidade e intimidade.

No sistema escolar dos Estados Unidos, temos uma coisa chamada "mostrar e contar". As crianças levam algo especial para a escola e compartilham aquilo com a classe. Na manhã seguinte, Lorrie foi "mostrar e contar" na escola. Ela foi até a lousa, desenhou um casulo e uma borboleta saindo do casulo, e compartilhou com seus colegas de classe a visita que fizera à mãe no hospital. Assim, o que consideramos o primeiro Seminário sobre a Morte e o Morrer foi dado por uma criança de primeira série a uma classe de primeira série. A única pessoa que chorou durante toda a sessão foi a professora.

As crianças começaram a falar e a compartilhar com Lorrie experiências de morte em suas próprias vidas, em geral a morte de um bichinho de estimação, de um animal querido e, às vezes, de uma avó ou de um avô. Por causa daquele momento compartilhado com sua mãe, Lorrie conseguiu atingir toda a classe de primeira série.

Mas a história não acaba aí. O que tento compartilhar com vocês é que, se passarem uma hora com uma criança e compartilharem com ela as experiências da morte, isso terá as mais incríveis consequências. Porque, se não fosse aquela hora, eu não estaria aqui em Estocolmo esta noite.

∞

Em janeiro, quando voltei da Suíça, olhei para a minha enorme pilha de cartas que, após o Natal, com os cartões de Natal, multiplicam-se.

Quando protelo as coisas, sempre vou até a cozinha e faço biscoitos de Natal para outro dia qualquer. Faço isso também em maio e em agosto. *[Risos.]*

Olhei para aquela pilha enorme de correspondência não respondida e concluí: "Não, eu simplesmente não consigo fazer isso de novo." Decidi me afastar dali. Dirigi-me para a cozinha; então virei para trás, olhei mais uma vez a pilha de cartas e vi aquele envelope grande e amarelo de Manila, com aquelas grandes letras de imprensa que as crianças pequenas escrevem. Eu o abri e não fiz mais biscoitos de Natal aquele ano!

Era um presente de Lorrie. Sua carta dizia: "Querida Dra. Ross, eu gostaria de lhe pagar pela consulta." Ela relatava que estava pensando sobre o que poderia me dar que fosse significativo e decidira que ia me dar o presente mais precioso que qualquer criança poderia me dar algum dia – toda a coleção de cartas de condolências que havia recebido de seus colegas de classe no dia seguinte à morte da mãe. Todas as cartas continham um desenho de um aluno de primeira série e duas ou três frases escritas nele.

Uma carta dizia: "Querida Lorrie, estou muito triste por sua mãe ter morrido, mas acho que é apenas a mudança de um corpo físico, e talvez fosse simplesmente a hora de mudar. Com amor e tudo o mais." *[Risos.]*

O que quero lhes dizer é que se nós, adultos, fôssemos mais honestos, em vez de transformarmos a morte num incrível pesadelo, poderíamos transmitir às crianças em que situação estamos e o que sentimos; se não ficássemos constrangidos em derramar lágrimas ou expressar nossa raiva (se tivermos alguma) e se não tentássemos poupar nossas crianças das tormentas da vida, mas, em vez disso, compartilhássemos com elas, então as crianças da próxima geração não teriam tantos problemas com relação à morte e ao morrer.

O MENINO EM SAN DIEGO

Se nos sentarmos com uma criança e cuidarmos dela e se não tivermos medo de suas respostas, ela vai nos contar praticamente tudo sobre si mesma.

Alguns meses atrás, fui a uma padaria em San Diego para comprar pão. Olhei através da vitrine e vi um menino minúsculo sentado no meio-fio. Ele parecia *muito* triste. Eu simplesmente tive de sair e me sentar com ele. Fiquei ali sentada cerca de meia hora sem

dizer uma palavra. Não me aproximei muito dele, porque simplesmente sabia aqui (*indicando um quadrante intuitivo*) que, se me aproximasse dele muito depressa, ele iria embora. Depois de mais ou menos meia hora, eu disse, sucinta e laconicamente, algo como:
— É difícil.
— Hum-hum — resmungou ele.
Depois de mais uns quinze minutos, eu disse algo como:
— É tão ruim assim?
Ele respondeu:
— É. Eu estou fugindo de casa.
Após outros 15 minutos, eu disse de novo:
— É *tão* ruim assim?

E, sem dizer uma única palavra, ele levantou sua camiseta, e todo o seu tronco — fiquei de queixo caído! — todo o seu tronco estava coberto de queimaduras de ferro. Na frente e nas costas.

Tudo isso foi linguagem simbólica, não verbal. Posso ficar sentada durante 45 minutos — como se fosse uma carrocinha de recolher cães de rua — e realmente me importo e me sento com eles, e lhes dou o espaço de que precisam para compartilhar comigo.

INTERPRETAÇÃO DE DESENHOS DE CRIANÇAS

As crianças mais velhas escrevem poemas espontâneos, que também são a linguagem da alma, ou fazem colagens para nos transmitir algo que não conseguem pôr em palavras. Se fôssemos mais honestos — mais como as crianças — e não entendêssemos o que elas tentam nos transmitir, diríamos: "Não estou entendendo. Explique para mim." E elas nos explicariam. Mas, se simplesmente olhamos para a colagem e dizemos: "Que bonito!", e achamos que aquilo não é nada importante, então perdemos a oportunidade de entender o que a criança queria nos dizer.

Algum tempo atrás, tive em mãos um exemplo absolutamente incrível disso, feito por uma menina de 15 anos. É o meu exemplo mais triste, mas mais prático, da linguagem simbólica, não verbal. Quero que vocês todos o vejam. É uma colagem. Essa menina de 15 anos de idade pediu a todos da família e também à assistente social que vissem sua colagem. Ninguém se importou nem se deteve o bastante para realmente apreciá-la. Se alguma dessas pessoas tivesse olhado para ela e entendido a linguagem simbólica, não verbal, essa criança hoje estaria viva. Ela passou duas semanas mostrando a muitas pessoas a sua colagem e, então, suicidou-se. Depois desse desfecho, a assistente social enviou-me sua colagem, dizendo: "Esse não é um exemplo maravilhoso!?"

Vocês entendem que isso é muito triste para mim? É triste demais que essa criança tivesse de morrer antes de a assistente social ter aprendido a ouvir e a escutar os esforços da garota para compartilhar sua angústia e sua agonia.

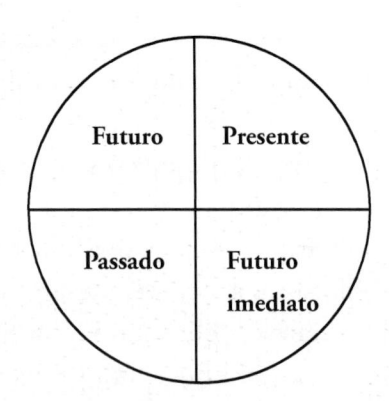

Os quatro quadrantes de um desenho, segundo Jung

Vou lhes mostrar alguns detalhes dessa colagem.

É muito fácil interpretá-la. Vocês não precisam ser psiquiatras, não precisam "psicanalisar" o que veem. Tudo o que têm a fazer é muito simplesmente observá-la, sabendo algumas coisas básicas. Então, vão entender o quanto todos nós – e eu quero dizer todos nós que estamos aqui – conhecemos de nós mesmos. Mas aqui *[indicando a cabeça]* vocês têm apenas um conhecimento ou uma consciência limitada. Se quiserem entrar em contato com seu conhecimento interno, que está bem além de qualquer coisa que possam colocar em palavras, tentem entrar em contato com isso e, então, também conseguirão escutar o próximo que realmente necessita da sua ajuda.

Se vocês interpretarem esta colagem agora, vão entender que, se alguém tivesse se detido cinco ou dez minutos com essa garota, ela provavelmente ainda estaria viva.

Segundo Jung – eu presumo que todos vocês saibam quem foi ele –, começamos a observar um trabalho desse tipo a partir do *quadrante inferior esquerdo*, que é o passado da pessoa. Não o psicanalisem. Apenas leiam o que ele diz. Esta menina nos facilitou isso. Ela fez uma combinação de linguagem não verbal, simbólica, e linguagem clara. Embaixo, podemos ler: "Uma criança que está sofrendo necessita da sua ajuda." E vemos uma figura. Que a figura mostra? Um oceano. Que tipo de oceano? É um oceano amigável, convidativo? Não, é um oceano escuro e ameaçador, sem barco salva-vidas e sem farol. Não há nada nele em que se agarrar. Foi dessa maneira que ela visualmente experimentou sua infância. E isso é assustador e muito, muito solitário.

Então, vamos daí para o *quadrante superior direito*, que é o nosso presente e que nos diz como ela se sentia no momento em que fez esta colagem e o que mais teme no presente, no dia em que está fazendo esta colagem. Ela diz: "Estou louca." Está com medo de estar enlouquecendo. E as palavras menores que se seguem são – devemos sempre começar com as figuras ou com os escritos maiores e, daí, seguir para os menores – a grande pergunta: "Por quê?"

E próximo a ela: "Fazer amizade com mamãe." Qual é a maior imagem no quadrante do "presente"? É uma cadela com seus filhotes. Uma unidade familiar. A figura seguinte é um bebê segurando uma boneca junto ao peito. Depois vem a menor das três figuras. É um macaco fazendo macaquices. O que representam os macacos fazendo macaquices? É como um palhaço que faz palhaçadas para encobrir sua tristeza. O que um macaco ou um palhaço nos diz sobre o prognóstico? Qualquer um que ainda consiga fazer macaquices tem uma chance, porque ainda tem senso de humor. Então, ela ainda poderia ter sido ajudada.

Agora, o que vai acontecer com ela na próxima semana? O *quadrante inferior direito* é o futuro imediato. O que vai acontecer a essa garota de 15 anos de idade no futuro imediato? Quais são as palavras? "Lutar para se libertar." E depois: "Livre novamente"; e então: "Escolha difícil." E qual é a imagem da sua existência antecipada daqui a uma semana? Vemos uma floresta da qual uma grande parte já foi desmatada. Em termos de prognóstico: um vislumbre de esperança, porque há três árvores novas nascendo no primeiro plano. Mas o que acontece com o mesmo macaco que uma semana antes ainda fazia macaquices? O que ele está fazendo agora? Ele parou de fazer macaquices. Está paralisado. Está apenas sentado ali, entorpecido. Não brinca mais.

Então vamos para o *quadrante superior esquerdo*, que é o seu conceito de morte e o que ela prevê do futuro que a espera. E isso nos diz como ela, internamente, do seu quadrante espiritual, intuitivo, prevê o resultado da sua situação atual. E o que vemos? O que ela já sabe? É um hospital. E o que acontece em um hospital? Um bebê nasce. Que tipo de parto é esse? É um bebê que o médico segura de cabeça para baixo. Em que situação seguramos os bebês de cabeça para baixo? Quando eles não choram, quando eles não respiram. Ela já sabia, quando fez sua colagem, que iria ser encontrada não mais respirando, e sua esperança era de que ficasse nas mãos de um médico competente que a fizesse respirar de novo. É assim que interpretamos essas colagens.

Se isso não acontecer, qual é a próxima figura? Um gato. O que os gatos representam? Nove vidas. Se um médico não conseguir trazê-la de volta à vida, talvez haja algo em que algumas pessoas acreditam – que temos mais de uma vida. E, se isso não for possível, qual é a sua última esperança? Vejam, esta colagem lhes diz tudo! Qual é a última figura? É um farol. Vocês veem aqui embaixo, no quadrante inferior esquerdo, um oceano sem farol. Aqui em cima há um farol indicando aquilo que algumas pessoas experimentam: a luz no fim do túnel. É assim que interpretamos estas figuras.

∞

Não poderia haver um pedido de socorro mais clássico do que este, e é até fácil perceber onde está o problema. Mas ninguém viu isso, e essa é a tragédia. Quando ela foi encontrada, a colagem estava em seu poder, e, desnecessário dizer, a assistente social se sentiu muito culpada por não ter reservado um tempo para olhá-la e ajudar a garota. E a enviaram para mim e me fizeram prometer que eu o mostraria a todos os adultos, onde quer que estivessem me ouvindo. Se vocês esquecerem a colagem toda, tudo bem, mas olhem para ela, e, se outro adolescente suicida ou desesperado lhes der uma colagem, sentem-se e perguntem o que podem fazer por ele, e ele ficará muito contente por você ter-se importado o bastante para, pelo menos, lhe perguntar.

E é isto, essencialmente, que precisamos aprender: reservar um tempo para as coisas essenciais. Conseguir ouvir o nosso próximo e conseguir escutar o que ele tem a dizer é essencial. E também aprender a humildade que, se não entendermos o que estão tentando nos dizer, nos leva a perguntar: "Não consigo compreender o que você está dizendo. Você poderia se expressar de outra maneira?" E, ao abrirmos a comunicação, vamos descobrir que isso não é de modo algum tão difícil quanto pensávamos que seria.

LIZ

Algum tempo atrás, fui chamada para ver uma menina de 12 anos que estava morrendo. Conseguimos tirá-la do hospital para morrer em casa. Sempre que humanamente possível, levo todas as minhas crianças para morrer em casa. Mas nunca as coloco no quarto, porque os quartos são com frequência usados para punir as crianças. Presumo que não seja diferente aqui, na Suécia. Acho que todos se lembram que, ao desobedecerem quando crianças, eram mandados para seu quarto e, ao se acalmarem, tinham permissão de sair dele novamente. Muitas crianças associam os quartos com coisas indesejáveis, tabus, punições e isolamento.

Por isso, levamos as crianças para a sala e as colocamos em uma grande cama de onde possam ver a floresta, o jardim, as nuvens ou as flores, os passarinhos ou a neve.

Liz estava em uma cama na sala; muito, muito lentamente, morria de câncer. A mãe conseguia se aproximar da menina de uma maneira muito bonita. Mas o pai era incapaz de dizer qualquer coisa – era uma pessoa introvertida e não conseguia falar sobre absolutamente nada. Mas conseguia *demonstrar*-lhe o seu amor. Costumava comprar e levar para casa rosas vermelhas, que colocava sobre a mesa dela sem dizer uma palavra. Toda a família era constituída de católicos ortodoxos.

O pai insistia em que os outros filhos (com seis, dez e 11 anos de idade) não deveriam saber que sua irmã estava morrendo. Eu não acreditava nisso. Finalmente, recebi permissão do pai para ver aquelas crianças sozinhas, após a escola, e lhes pedi que fizessem um desenho. Através de seus desenhos, ficou muito claro que elas sabiam. Mais uma vez, foi o menino de seis anos que começou a passar da linguagem simbólica para a linguagem clara. Ele disse:

– É, ela vai morrer logo.

Eu confirmei:

– Sabe, Peter, Liz provavelmente vai morrer daqui a um ou dois dias. Se você tem alguma tarefa inacabada com ela, termine agora. Porque você vai se sentir muito melhor se não adiar isso até que seja tarde demais.

– Bem, acho que esperam que eu diga para ela: "Amo você."

– Não! Não esperam que você diga: "Amo você" – protestei. – Isso é falso. Pela maneira como fala, obviamente tem muitos sentimentos negativos dentro de você.

E ele finalmente explodiu:

– É. Às vezes fico muito "cheio" dela. Desejo que ela já tenha morrido.

Eu concordei:

– É, isso já acontece há algum tempo. Por que você foi ficando tão impaciente?

Ele respondeu:

– Bem, eu não posso assistir televisão, não posso bater a porta, não posso receber meus amigos em casa.

Coisas muito naturais para um menino de seis anos de idade... Eu estava ali, ajudando-o a expressá-las.

Dirigi-me aos três confirmando que todas as crianças têm sentimentos iguaizinhos aos dele, mas somente algumas reúnem coragem bastante para admiti-lo. E agora estávamos ali juntos e tínhamos a coragem de dizer tudo o que queríamos. E vocês podem ter certeza de que eles disseram o que lhes ia no coração. Foi fantástico.

Finalmente, eu disse ao garoto mais novo:

— Fico imaginando se você não é a única pessoa realmente honesta que pode compartilhar isso com sua irmã.

Mas ele já estava contaminado pelos adultos e, então, replicou:
— Não se devem dizer essas coisas.
— Você realmente acredita que, se você sente e pensa essas coisas, sua irmã não sabe disso? – perguntei-lhe. – Seria muito mais bonito se você pudesse amorosamente compartilhar isso com ela! E, para ela, seria um alívio ter alguém realmente aberto e afetuoso com ela.

Eu o desafiei a fazer isso, e ele finalmente disse que iria tentar.

Caminhamos até a sala. Lá estava a cama. Ele se aproximou da irmã que morria. Fiquei atrás dele, pronta para lhe dar algum estímulo, se necessário. Atrás de mim estava o irmão de dez anos, depois o de 11. A mãe apareceu na porta e, atrás da mãe, o pai. Em ordem cronológica de conforto! *[Risadinhas.]*

O menino, finalmente, após uma pequena hesitação, explodiu:
— Às vezes desejei poder rezar para acabar com isso.

E, no momento em que ele disse isso, aconteceu a mais bela experiência de consulta que eu havia presenciado após um longo tempo. Sua irmã de 12 anos, que estava morrendo, começou a soluçar, soluçar e chorar. Não lágrimas de sofrimento, mas do maior alívio.
— Graças a Deus, graças a Deus, graças a Deus, graças a Deus! – dizia.

Depois, recuperada de suas lágrimas, ela finalmente explicou por que sentira esse grande alívio.
— Sabe, Peter, nos últimos três dias e três noites, rezei a Deus para me levar. E toda vez que eu terminava minha oração, mamãe chegava, ficava de pé na porta e me dizia que havia ficado acordada a noite toda rezando a Deus para me manter viva. Mas, se você me ajudar, Peter, podemos ganhar da mamãe. *[Risos.]*

Liz estava tão feliz que eles finalmente pararam de fingir, e todos se abraçaram. E vocês podem entender que aquele menino de seis anos de idade era o menino mais orgulhoso da cidade, com o maior e mais triunfante sorriso no rosto. E o mais bonito foi que a mãe ouvira o que a filha dissera. Com isso, o maior problema foi resolvido: tanto os pais quanto as crianças ficaram preparados.

Mas Liz não conseguia morrer. Por alguma razão, ela se mantinha ligada à vida. Três dias depois, voltei lá. Do ponto de vista clínico, era incompreensível que ela ainda estivesse resistindo. Eu disse à sua mãe:

– Ela deveria ter morrido pelo menos uma semana atrás. Está pronta para isso, quer isso, mas não consegue partir. Eu tentei tudo. Algo a impede de partir. Acho que alguma coisa a assusta. Se você concordar, vou lhe perguntar isso diretamente. Mas quero que você vá comigo, para não ficar preocupada com o que eu possa ter dito a ela. Quero que você ouça o que vou dizer.

– Liz, você não consegue morrer, não é? – perguntei-lhe.

E ela respondeu:

– Não.

– Mas... por quê?

– Eu não consigo alcançar o céu. – respondeu.

Muito surpresa, questionei:

– Quem lhe disse isso?

O maior problema desse tipo de consulta é que, ao tentar ajudar um ser humano, você descobre que tem de atacar outro. É muito difícil deixarmos de fazer isso, porque enfrentamos muita charlatanice, muita asneira, muita bobagem assustadora que é dita aos pacientes – em suma, é tanta negatividade que fica muito difícil não acabarmos ficando negativos. Por isso, eu me contive quando lhe perguntei:

– Quem lhe disse isso?

Ela me disse que os padres, as freiras e as irmãs de caridade que costumavam ir visitá-la haviam lhe dito muitas e muitas vezes que ninguém alcança o céu a menos que tenha amado a Deus mais do que a qualquer outra pessoa em todo o mundo. Então ela se inclinou na minha direção, estendendo seus dedos descarnados... seus braços eram como pedaços de giz, e sua barriga estava inchada como se ela estivesse com nove meses de gravidez. Ela tentou se inclinar para mim, literalmente se pendurou em mim e sussurrou em meu ouvido para evitar que Deus a escutasse:

– Sabe, doutora Ross, eu amo minha mãe e meu pai mais que a qualquer outra pessoa em todo o mundo.

Eu estava a ponto de chorar. Achei isso incrivelmente triste. E a pergunta é: Como ajudamos uma criança como essa? *Poderíamos* dizer belas palavras – e isso não ajudaria. *Poderíamos* dizer: "Amando mamãe e papai você também ama a Deus", ou coisas desse tipo – e isso ainda não ajudaria. Como poderíamos ajudá-la a se livrar dos seus sentimentos de culpa?

A única coisa que funciona é reconhecermos *nossa própria* negatividade. Chamamos a isso de "o Hitler que há dentro de nós": quando somos maldosos, críticos, quando fazemos julgamentos, rotulamos as pessoas e não gostamos dos métodos das outras pessoas. Eu estava muito zangada com aquele padre que fizera aquilo com Liz, e com aquelas freiras e irmãs de caridade que usam o medo e a culpa com crianças pequenas. Mas, entendam, isso é problema *meu*, não problema de Liz. Então, eu lhe disse:

– Não vou entrar no mérito de quem está certo ou errado. Só vou conversar com você da maneira como sempre conversei.

Isso significa que agora eu vou – para o meu próprio bem – para casa, pensar por que sou tão crítica e colocar isso temporariamente numa gaveta. Mas, mais cedo ou mais tarde, vou ter de lidar com isso para que não interfira no meu trabalho. *Porque não podemos fazer uma coisa positiva para alguém se, ao fazê-lo, estamos ferindo outra pessoa.*

Então usei a linguagem verbal simbólica. (É o maior dom poder usar essa linguagem.) Eu lhe disse:

– Você e eu sempre conversamos sobre a escola. Você foi sempre uma excelente aluna. O maior sonho da sua vida sempre foi se tornar professora. E, desde que conheci você, a única vez em que a vi desolada foi em setembro, quando começou o ano letivo: o ônibus da escola chegou e você olhou pela janela e viu seus amigos e seus irmãos e irmãs entrando no ônibus.

Um mês antes, haviam lhe dito que ela estava curada, mas, pouco antes do início das aulas, descobriram as primeiras metástases. Eu prossegui:

– E acho que, pela primeira vez na sua vida, você está percebendo que nunca mais entrará naquele ônibus da escola, que nunca mais poderá ir à escola de que você tanto gosta, que nunca se tornará professora.

– Sim – respondeu ela.

Eu continuei:

– Quero que você me responda uma única pergunta. Às vezes acontece de a professora passar uma lição *muito* difícil. Ela passa essas lições superdifíceis para seus piores alunos? O que eu gostaria de saber é se ela passa essas lições para os piores alunos da classe ou se as passa apenas a uma pessoa da classe. Ou se ela as passa apenas a alguns de seus melhores e brilhantes alunos?

Então, seu rosto se iluminou – eu nunca havia visto nada assim – e ela disse:

– Ela passa essas lições a *muito* poucos alunos.

Ela era uma das melhores alunas da classe e tinha muito orgulho disso. Prossegui:

– Como Deus é também um professor, o que você acha: Ele lhe passou uma lição difícil ou lhe passou uma lição que poderia ter passado a qualquer outro aluno da classe?

Então, mais uma vez na linguagem simbólica, não verbal, ela olhou para seu pobre e devastado corpo – sua *enorme* barriga e seus braços e pernas descarnados. Olhou para o seu corpo como se estivesse avaliando os testes da sua vida. Depois, deu um sorriso feliz e, muito séria, ponderou:

– Não acho que Deus pudesse passar uma lição mais difícil para nenhuma criança.

E eu não precisei acrescentar: "O que você acha *agora* que ele pensa de você?"

A última comunicação verbal que tive com Liz foi alguns dias mais tarde, quando voltei mais para ver como estavam as outras crianças.

Ela estava em um estado de semiconsciência. Fiquei na soleira da porta, olhando-a pela última vez, na verdade para me despedir dela de uma maneira silenciosa. Ela de repente abriu os olhos, obviamente me reconheceu e, novamente com um enorme sorriso, quase malicioso e quase feliz no rosto, olhou para sua barriga como se dissesse: "Captei a sua mensagem."

∞

É assim que tentamos ajudar as crianças a concluir sua tarefa inacabada. É muito fácil trabalhar com pacientes que estão morrendo. É ainda mais fácil trabalhar com crianças que estão morrendo, porque são menos complicadas. Elas são muito diretas. E a beleza, a incrível beleza das crianças é que, quando fazemos uma bobagem, elas reagem na hora. Se cometemos um erro, ficamos sabendo imediatamente.

Tentaremos ensinar a linguagem simbólica não apenas aos estudantes de medicina, mas aos alunos de seminários, a professores e a enfermeiras, para que possam aprender melhor a entender a linguagem daqueles que mais precisam de ajuda.

Àqueles de vocês que têm filhos, peço: escutem, realmente escutem seus filhos e vocês irão aprender uma linguagem que é mais importante que o esperanto, o inglês, o espanhol ou qualquer outra língua, porque é a linguagem das pessoas necessitadas. E o que vocês receberão em troca, por aprendê-la, são dons que irão ajudá-los a viver plenamente.

Quando escutamos os pacientes à beira da morte, os quais conseguiram terminar sua tarefa inacabada, descobrimos que, pela primeira vez em sua vida, eles aprenderam o que significa viver plenamente.

DOUGY

Alguns anos atrás, eu estava dando uma palestra na Virginia. Talvez vocês não saibam, mas odeio dar palestras. É terrível ficar no palco, dia após dia, dizendo basicamente as mesmas coisas. E, naquela época, eu costumava dar palestras das nove da manhã às cinco da tarde. Assim, precisava de algum estímulo. E o meu estímulo era observar o público para ver se havia alguém interessante ali; sabem, eu adivinho quem são as pessoas e o que estão fazendo. É... é um tipo de jogo que gosto de jogar.

Naquele dia em particular, eu estava observando o público e dizendo a mim mesma: "Você vai ter de falar para esse grupo o dia todo." Um casal se sentou na primeira fila. No momento em que olhei para eles, tive este incrível impulso – entendam vocês que isso não vem do quadrante intelectual, mas do quadrante intuitivo, espiritual – de lhes perguntar por que diabos eles não haviam trazido seu filho para a minha palestra.

Bem *[ela sorri]*, eu diria que um psiquiatra normal não faz isso. Mas eu não acho que exista tal profissional. *[Risos.]* Quero dizer, não se diz tal coisa no palco, quando se está dando uma palestra.

Realmente tive de me controlar para não lhes perguntar. Se tivesse perguntado, as pessoas naturalmente teriam dito que eu estava louca. Mas, por outro lado, a opinião das outras pessoas sobre mim é problema delas, não meu. Certo?

Mas fiz um intervalo fisiológico bem antes da hora – antes demais – e me dirigi àquele casal. Eles eram pessoas comuns, muito práticas. Formulei minha pergunta de uma maneira socialmente aceitável:

– Não sei por que preciso dizer isso, mas estou com um impulso de lhes perguntar por que não trouxeram seu filho?

E eles não riram de mim. Apenas me olharam e disseram:

– É interessante que a senhora diga isso, porque discutimos esta manhã se deveríamos trazê-lo, mas o problema é que hoje é dia de sua quimioterapia.

Como vocês podem ver, sua resposta já me confirmava: sim, eles têm um filho, um menino, ele tem câncer e está fazendo quimioterapia. Prossegui:

– Não sei por que estou dizendo isso, mas seria muito importante que ele estivesse aqui.

Eles conhecem o amor incondicional, e o pai saiu durante o intervalo. Por volta das onze horas, voltou com seu adorável menino de nove anos de idade, que tinha olhos grandes, era muito pálido e estava totalmente calvo devido ao tratamento. Sentaram-se todos na primeira fila. O menino absorvia cada palavra que eu dizia. E o pai lhe deu uma caixa de lápis de cor e uma folha de papel. Para mantê-lo quieto, pensava *ele*. Para *mim*, era uma manipulação divina, não um acaso.

Ao meio-dia, no intervalo para o almoço – era o usual almoço de frango, que eu comia cinco vezes por semana, e por isso escapei dele *[risos]* –, ele se aproximou de mim com seu desenho e disse:

– Doutora Ross, este é um presente para a senhora.

Agradeci, olhei o desenho e... eu sou uma tradutora, traduzir é meu principal trabalho, por isso olhei para o desenho e lhe propus sem pensar (aquele garotinho não estava ali quando eu falara sobre os desenhos):

— Vamos contar para eles?

Ele imediatamente percebeu a que eu me referia. Olhou para seus pais e disse:

— Sim, acho que sim.

— Tudo?

Ele olhou para eles de novo e respondeu:

— Sim, eu acho que eles podem aguentar.

Crianças de nove anos que têm uma doença terminal são almas sábias, velhas. Todas as crianças são almas muito velhas e sábias se tiverem sofrido, se o seu quadrante físico se tiver deteriorado antes da adolescência. Deus criou o homem de uma maneira tão milagrosa que o quadrante espiritual, que em geral só emerge na adolescência, começa a emergir prematuramente para compensar a perda da capacidade física. Por isso, as crianças que morrem cedo são almas muito velhas e sábias, se entendermos isso simbolicamente. Elas são muito mais sábias do que as crianças saudáveis que foram criadas em uma estufa. Por isso, sempre dizemos aos pais: "Não poupem seus filhos! Compartilhem sua angústia e seu sofrimento com eles. Do contrário, eles vão se tornar adultos fracos. Porque, mais cedo ou mais tarde, as plantas têm de sair da estufa e, então, não conseguirão resistir ao frio e aos ventos."

Assim, olhei para o desenho dele e, como fico na cidade por apenas uma noite, em geral procuro não revelar algo ou ferir alguém se sei que não estarei disponível no dia seguinte. Então, sempre examino as coisas duas vezes. Não confiei na mãe. Ela parecia muito vulnerável. Por isso, perguntei ao menino:

— Devemos lhes contar tudo? — (Vocês entendem sobre o que estávamos falando?) — Devo interpretar seu desenho para seus pais?

Ele olhou para os pais novamente e confirmou:
— Sim, acho que eles podem aguentar isso.
Eu ainda não confiava na mãe, por isso me dirigi a ela:
— Qual é o seu maior medo, o maior de todos?
Ela começou a chorar e confessou:
— Acabamos de saber que ele tem três meses de vida.
Olhei para o desenho de Dougy e disse:
— Três meses? Não. Impossível. Isso está fora de questão. Três anos, pode ser. Mas três meses está totalmente fora de questão.
Ela me abraçou, beijou e agradeceu. Eu disse:
— Não faça isso, eu sou uma tradutora e uma catalisadora. É seu filho que sabe essas coisas. Estou apenas traduzindo o seu conhecimento interior. Não sou responsável por lhes dar três anos da vida do seu filho.

Nós nos tornamos amigos muito depressa. Durante a palestra da tarde, observei-o como um falcão. Mais ou menos às quinze para as cinco, ele começou a ficar sonolento. Interrompi minha palestra, porque queria me despedir dele. A última coisa que lhe disse foi:
— Dougy, não posso vir muito frequentemente à Virginia, mas, se você precisar de mim, a única coisa que tem de fazer é me escrever. E, como estou sempre mil cartas atrasada, subscreva você mesmo o envelope. As cartas das crianças são sempre minha maior prioridade. E, para maior segurança, escreva nele "pessoal". — E soletrei a palavra para ele.

Fico em casa apenas um dia por semana e, na maior parte do tempo, só tenho tempo para ler as cartas das crianças. Por isso, os adultos têm abusado disso. Têm imitado a escrita das crianças nos envelopes. Se qualquer adulto faz isso, eu me recuso a responder, porque está abusando da minha confiança e isso, no fim, só vai alimentar a negatividade.

Seja como for, eu esperei, esperei, e nunca chegou nenhuma carta, e vocês sabem como a nossa própria cabeça começa a interferir. Eu pensei: "Ó meu Deus, será que ele morreu? Será que eu dei falsas esperanças a seus pais e..." Fiz toda essa viagem mental. E, quanto mais longas as viagens mentais, mais ficamos preocupados e negativos. Mas, um dia, decidi: "Isso é ridículo. Minha intuição é *muito* precisa, e muitas vezes minha mente *não* é muito precisa. Então, esqueça suas preocupações!"

E um dia, depois de eu ter colocado de lado minhas preocupações, recebi uma carta dele. Foi a carta mais bonita que já recebi nos meus vinte anos de trabalho com pacientes à beira da morte. Era uma carta de duas linhas: "Querida Dra. Ross, só tenho mais uma dúvida. O que é a vida e o que é a morte, e por que as crianças pequenas têm de morrer? Com amor, Dougy."

Vocês entendem por que eu discrimino as crianças? Elas vão direto ao assunto. *[Risos.]* Então, eu lhe escrevi uma carta, mas não podia escrever – vocês sabem como é – coisas demais. Tinha de me comunicar com ele da mesma maneira que ele o fizera.

Então, emprestei de minha filha suas maravilhosas canetas hidrográficas de 28 cores, cores maravilhosas, dobrei uma folha de papel, depois dobrei outra folha e, finalmente, terminei com um livrinho todo pintado nas cores do arco-íris, cada letra com uma cor diferente. Parecia muito bonito, mas não dava a impressão de estar terminado; assim, comecei a ilustrá-lo. Então, ficou pronto para ser enviado.*

Mas eu estava com um problema. Gostara do livrinho. *[Risos.]* E realmente gostara tanto que queria guardá-lo, e a mente imediatamente veio em meu socorro. Vejam, após a morte sabemos que o maior objetivo na vida é sempre fazer a melhor escolha. Guardar a carta comigo não teria sido minha melhor escolha, mas minha mente veio em meu socorro: "Você tem o direito de guardá-lo. Pode

---

* Essa carta (livrinho) aparece ilustrada no final deste livro. (N. E.)

usá-lo em suas visitas domiciliares às crianças que estão morrendo. Vai ajudar os irmãos e as irmãs das crianças em estado terminal." E, quanto mais longas se tornavam as desculpas, mais eu sabia que era melhor ir depressa ao correio.

Então, finalmente, disse a mim mesma: "Não. Não vou esperar 24 horas para copiá-lo. Vou enviá-lo agora, porque, se ele morrer agora e a carta chegar tarde demais, vou me sentir muito mal. E realmente o fiz para ele, não para mim." Subscrevi o envelope e o coloquei no correio.

As recompensas retornam mil vezes se fazemos a melhor escolha. Porque, alguns meses mais tarde – era fim de março –, ele fez um interurbano da Virginia para a Califórnia e disse:

– Eu queria lhe dar um presente de aniversário pelo meu aniversário.

E me disse que havia mostrado o livrinho para muitos pais de crianças à beira da morte, e todos queriam uma cópia; por isso, ele me daria permissão para publicá-lo, para torná-lo disponível para outras crianças. Nós o publicamos e o chamamos de *The Dougy Letter* [Carta a Dougy].

Agora vou lhes mostrar como é horrível quando não somos honestos. Mesmo com boas motivações, sempre vamos ter problemas, mais cedo ou mais tarde. Alguns meses atrás, fui chamada para comparecer a um programa de entrevistas muito famoso na cidade de Nova York, onde você fala durante três minutos para dez milhões de pessoas e não consegue dizer nada de importante, porque o tempo é demasiado curto. Eles fazem uma pergunta, você responde e, em seguida, está fora do ar. Eu sempre imaginei por que as pessoas fazem isso. Mas eu também o fiz. E em vez de me perguntarem o que eu queria dizer em três minutos que pudesse ser significativo, eles me perguntaram sobre a menina Jamie, de cinco anos de idade, que está no meu livro *To Live Until We Say Goodbye*. No dia seguinte, recebi uma carta muito zangada de Dougy. Ele escreveu, "Não entendo você. Por que você teve de falar sobre Jamie? Por que não poderia ter falado sobre mim? Porque, se todas aquelas pessoas houvessem comprado um exemplar de *The Dougy Letter*, eu poderia conseguir ver meu pai de novo."

Seu pai, como a maioria dos americanos, tinha dívidas de duzentos mil dólares decorrentes de contas de médicos e hospitais. E, para pagar essas contas, ele fazia trabalho extra, tinha mais de um emprego e também trabalhava nos fins de semana. Raramente tinha tempo para ver seu filho.

Não creio que aqui, na Suécia, vocês tenham conhecimento do tipo de problemas associados com as doenças terminais. Vejam, o maior erro que cometi foi que, quando aquela família já não tinha dinheiro para comer, enviei-lhes um cheque. E, para não parecer um cheque de assistência social, cometi o erro de escrever no verso: "Provenientes dos *royalties*." Fiz com que acreditassem que aquele cheque provinha das vendas de *The Dougy Letter*. E agora a pobre criança espera receber um cheque desses a cada seis meses. E eu estou realmente em apuros. *[Risos.]*

Dessa forma, todo paciente com o qual trabalhamos nos ensina algo, e isso nem sempre tem a ver com a morte e com quem está morrendo, mas com a vida e com quem está vivendo.

O SIGNIFICADO DO SOFRIMENTO

Pacientes terminais, quando reservamos um tempo e nos juntamos a eles, nos ensinam sobre os estágios da morte. Quando uma pessoa sabe que vai morrer logo, passa pela negação e pela raiva, pergunta-se: "Por que eu?", e questiona Deus e rejeita durante algum tempo. Ela barganha com ele e passa por terríveis depressões.

O que significa a esperança para uma pessoa quando ela sabe que está morrendo? Quando lhe dizem que tem uma doença terminal, esta é a primeira coisa que ela sempre pensa: "Ah, isso não é verdade, deve ser um erro." Depois, espera que seu mal seja operável ou curável. Se esse não for o caso, então espera que a quimioterapia ou a visualização ou o que quer que seja pelo menos cuide de seus sintomas, e ela possa continuar vivendo de uma maneira relativamente saudável. Então, percebe que, não importa a quantidade que tome de uma droga experimental, ela continua piorando, e depois fica bem de novo, e então torna a piorar. Vive de altos e baixos. Há um momento em que ela desiste? Não! Não há um momento em que desista. O que quer que lhe aconteça em termos de altos e baixos, toda experiência de todo ser humano no mundo tem um propósito. Ela vai lhe ensinar uma coisa específica que, do contrário, não teria aprendido. E Deus não lhe dá mais testes do que aqueles de que necessita.

Quando a pessoa passou em um teste, pode ficar bastante bem durante algum tempo, e então algo novo acontece: fica cega, ou recomeça a diarreia, ou isto ou aquilo recomeça. Todos nós descobrimos, sabem, o que está por trás disso. E ela luta, se for lutadora; e, se for alguém que se resigna muito rapidamente, vai se resignar muito rapidamente, mas o problema não desaparece. Então, se conseguir encontrar por trás do problema o que pode aprender...

No entanto, se a pessoa tem outro ser humano que se importa com ela, pode conseguir atingir um estágio de aceitação. Mas esse processo não é apenas típico daqueles que estão morrendo; na verdade, não tem nada a ver com a morte. Nós só o chamamos de "estágios da morte" por falta de uma expressão melhor. Se uma pessoa perde um namorado ou uma namorada, ou se perde o emprego, ou se for transferido da casa onde morou durante cinquenta anos para uma casa de repouso, e mesmo que apenas perca um periquito ou suas lentes de contato, pode passar pelos mesmos estágios da morte.

Este é, na minha opinião, o significado do sofrimento: todas as dificuldades que enfrentamos na vida, todos os testes e tribulações, todos os pesadelos e perdas, ainda são encarados pela maioria das pessoas como maldições, como punições de Deus, como algo negativo. Se pelo menos soubéssemos que nada que nos acontece é negativo! Nada mesmo! Todos os testes e tribulações, e as perdas maiores que experimentamos, coisas que nos fazem dizer: "Se eu soubesse que isso aconteceria, jamais teria sido capaz de enfrentar tal coisa", são presentes que recebemos. É como alguém que tem de... *[dirigindo-se à plateia]*: Como se chama aquilo que tem de ser feito para que o ferro quente se transforme em uma ferramenta? Você tem de... tornar o ferro maleável.

Toda dificuldade é uma oportunidade que recebemos, uma oportunidade para crescer. Crescer é o único propósito da existência no planeta Terra. Não vamos crescer se ficarmos sentados em um belo jardim florido e alguém nos ficar trazendo uma comida maravilhosa em uma bandeja de prata. Mas vamos crescer se ficarmos doentes, se sofrermos, se experimentarmos perdas e, ainda assim, não enfiarmos a cabeça na areia, mas enfrentarmos o sofrimento e aprendermos a aceitá-lo não como maldição ou punição, mas como um presente que nos é dado com um propósito muito, muito específico.

Agora vou lhes dar um exemplo clínico disso. Em um de meus *workshops* – retiros de uma semana –, havia uma jovem. Ela não teve de enfrentar a morte de um filho, mas enfrentou várias do que chamamos de "pequenas mortes", embora não tão pequenas a seus olhos. Quando deu à luz uma segunda menina, que ela esperava com tanta ansiedade, foi-lhe dito, de uma maneira não muito humana, que a criança era gravemente retardada. Na verdade, a criança jamais seria capaz sequer de reconhecê-la como mãe. Quando ela tomou consciência do fato, seu marido a havia abandonado.

De repente, ficou diante de uma situação muito difícil. Tinha duas filhas pequenas, muito necessitadas, muito dependentes, e não tinha dinheiro, não tinha rendas e não tinha ajuda. Passou por uma fase de terrível negação. Não conseguia sequer usar a palavra "retardo".

Depois disso, passou por uma raiva enorme de Deus e o amaldiçoou. Primeiro, Ele não existia de jeito nenhum. Depois, Ele passou a ser um velho ruim... vocês sabem o que é. Depois disso, entrou em uma fase de enorme barganha – se pelo menos a criança fosse educável, ou pudesse reconhecê-la como mãe. Então, encontrou algum significado genuíno em ter aquela criança, e vou simplesmente compartilhar com vocês como ela finalmente resolveu o seu problema. Começou a ficar claro para ela que nada na vida é uma coincidência. Tentou olhar para aquela criança e imaginar que propósito um pequeno ser humano, quase um vegetal, poderia ter nesta terra. Finalmente, descobriu a solução, e vou compartilhá-la com vocês na forma de um poema que ela escreveu. Ela não é poeta, mas ainda assim sua poesia é muito comovente. No poema, ela se identifica com sua filha, que conversa com sua "mãe divina". Ela chama o poema de "À minha mãe divina".

À MINHA MÃE DIVINA

O que é uma mãe divina?
Eu sei que você é muito especial.
Você esperou muitos meses pela minha chegada.
Você estava ali e me viu com apenas minutos de idade,
e trocou minhas fraldas quando eu tinha apenas alguns dias de vida.
Você tinha sonhos para sua primeira filha divina.
Ela seria preciosa como sua irmã.

Você a veria ir para a escola, para a faculdade e se casar.
Em que eu me transformaria? Um crédito para aqueles que me têm?
Deus tinha outros planos para mim. Sou apenas eu.
Ninguém jamais usou a palavra precoce para se referir a mim.
Alguma coisa não conectou direito na minha mente.
Serei o tempo todo uma filha de Deus.
Sou feliz. Amo a todos, e eles me amam.
Não consigo dizer muitas palavras,
mas consigo comunicar e entender o afeto, a ternura, a suavidade e o amor.
Há pessoas especiais na minha vida.
Às vezes sento-me e sorrio, e às vezes choro.
Fico imaginando por quê?
Sou feliz e amada por amigos especiais.
Que mais poderia querer?
Bem, certamente eu nunca irei para a faculdade, nem me casarei.
Mas não fique triste. Deus me fez muito especial.
Não consigo magoar. Apenas amar.
E talvez Deus precise de algumas crianças que simplesmente amem.
Você se lembra de quando eu fui batizada?
Você me segurou, esperando que eu não chorasse e você não me deixasse cair?
Nada disso aconteceu, e foi um dia muito feliz.
É por isso que você é minha mãe divina.
Sei que você é suave e terna, me dá amor,
mas há algo muito especial em seus olhos.
Vejo esse olhar e sinto esse amor dos outros por mim.
Devo ser especial para ter tantas mães.
Não, jamais serei um sucesso aos olhos do mundo,

mas prometo-lhe algo que poucas pessoas podem prometer. Pois tudo o que eu conheço é amor, bondade e inocência. Temos a eternidade para compartilhar, minha mãe divina.

Essa é a mesma mãe que, alguns meses antes, estava disposta a deixar seu bebê – que apenas engatinhava – perto da piscina, enquanto fingia ir até a cozinha, para que a criança caísse e se afogasse. Uma mudança enorme ocorreu nessa mãe.

∞

É isso que vai acontecer a todos vocês se estiverem sempre dispostos a olhar os dois lados de tudo o que acontece em sua vida. Nunca há apenas um lado para ser olhado. Vocês podem estar com uma doença terminal, podem sentir muitas dores, podem não encontrar ninguém para conversar sobre isso. Podem achar que é injusto serem arrancados na metade da vida, achar que realmente ainda não haviam começado a viver. Então, olhem o outro lado da moeda e, de repente, vocês são uma daquelas poucas pessoas afortunadas que podem jogar fora todas as bobagens que carregaram dentro de si a vida toda.

Quando tiverem feito isso, serão capazes de se aproximar de alguém e dizer: "Eu o amo", enquanto esse alguém ainda conseguir ouvi-los, e depois disso vocês poderão passar por cima dos elogios ultrapassados. E, quando souberem que estão aqui por um tempo muito curto, poderão finalmente fazer as coisas que realmente querem fazer. Quantos de vocês nesta sala fazem exatamente o que gostam de fazer? Quero dizer, estão *totalmente* vivos? *[Muito poucas mãos se levantam.]* Quantos não estão? *[Muitas mãos.]* Vocês mudariam de emprego na segunda-feira? *[Risos.]*

É muito importante que vocês só façam o que gostam de fazer. Podem ficar pobres, passar fome, perder o carro, ter de se mudar para um lugar miserável, mas estarão *totalmente* vivos. E, no fim dos seus dias, vão abençoar sua vida, porque fizeram o que vieram aqui para fazer. Do contrário, viverão como uma prostituta, farão as coisas apenas por uma razão: para agradar as outras pessoas – e nunca terão vivido. E sua morte não será agradável.

Por outro lado, se ouvirem a própria voz interior, a própria sabedoria interior, que, no que lhes diz respeito, é bem maior que a de qualquer outra pessoa, não vão se dar mal e saberão o que fazer da vida. Nesse caso, o tempo deixa de ser importante.

A lição mais dura que as pessoas têm que aprender é o amor incondicional. E isso é muito difícil de aprender. Virginia Satir, que alguns de vocês devem conhecer, descreveu de uma maneira muito bela o que é o amor incondicional. Ela diz:

> Quero amá-lo sem oprimi-lo,
> apreciá-lo sem julgá-lo,
> unir-me a você sem invadi-lo,
> convidá-lo sem nada exigir,
> deixá-lo sem culpa,
> avaliá-lo sem censurá-lo
> e ajudá-lo sem insultá-lo.
> Se eu puder ter o mesmo de você,
> então podemos realmente nos encontrar e enriquecer um ao outro.

O CASULO E A BORBOLETA

A primeira vez que estive na Suécia foi em 1947. Muitas coisas mudaram desde então. Se alguém me tivesse dito, em 1947, o que eu estaria fazendo hoje, não sei se teria tido coragem de começar.

Dois dias atrás, eu estava em Duisburg, e a primeira coisa que encontrei foram aquelas pessoas com grandes cartazes sobre ameaças de bombas e detectores de bombas. E fiquei imaginando por que as pessoas se sentem tão ameaçadas por alguém que trabalha com crianças que estão morrendo.

Vou falar brevemente como psiquiatra para ajudá-los a entender as principais lições que aprendemos trabalhando com pacientes que estão à beira da morte. Os pacientes em estado terminal não apenas nos ensinam sobre o processo da morte, mas também como podemos viver de maneira a não deixarmos tarefas inacabadas. As pessoas que vivem plenamente nunca terão medo de viver nem de morrer. E viver plenamente significa não deixar tarefas inacabadas, o que, por sua vez, pressupõe que se tenha recebido uma educação que poucos de nós e de nossos filhos recebemos. Tenho a certeza de que, se tivéssemos uma geração de crianças educadas com naturalidade, da maneira como fomos criados, não precisaríamos escrever livros sobre a morte e sobre o morrer, fazer seminários e enfrentar esses problemas horríveis de um milhão de crianças desaparecendo e milhares delas morrendo prematuramente por suicídio e homicídio.

OS QUATRO QUADRANTES

Todo ser humano é constituído de quatro quadrantes: o físico, o emocional, o intelectual e o espiritual/intuitivo.

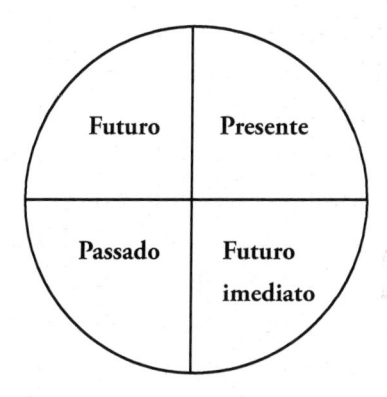

Futuro	Presente
Passado	Futuro imediato

Quando nascemos, somos seres humanos exclusivamente *físicos* e, durante o primeiro ano de vida, para crescermos com naturalidade, sem medo de viver nem de morrer, precisamos de muito amor, abraços, toques e contato físico. Então, no fim da vida, quando formos velhos avôs e avós morando em casas de repouso, novamente o único aspecto da vida de que mais sentiremos falta é o fato de não sermos suficientemente amados, abraçados e tocados. Em nossa sociedade, as únicas pessoas que em geral nos amam de modo totalmente incondicional são as pessoas mais velhas: nossos avôs e avós.

Em uma sociedade na qual cada geração vive por si – os velhos em casas de repouso, as pessoas doentes em hospitais, as crianças na escola –, falta à maior parte das crianças esse aspecto do crescimento. Em decorrência disso, surgem os primeiros problemas no desenvolvimento do quadrante *emocional* (entre um e seis anos de idade), quando adquirem todas as atitudes básicas que vão marcá-las para a vida toda.

Nossos filhos precisam ser educados com amor incondicional e disciplina firme e consistente, mas sem punição. Isso parece fácil, mas não é. No entanto, *é* possível não gostar do seu comportamento e ainda assim amá-los. Se vocês conseguirem fazer isso, as crianças vão desenvolver um belo quadrante *intelectual* em torno dos seis anos de idade; elas adoram aprender, e ir para a escola é um desafio, não uma ameaça.

Meu maior sonho antes de morrer é fundar centros de E.T. E isso visa transformar os lares de idosos em centros de E.T. Alguém aqui não viu o filme *E. T.*? Os centros de E.T. serão lares para idosos e para crianças entre um e três anos de idade.* Você pula uma geração. Aí não haverá problemas. As pessoas idosas que contribuíram para a sociedade durante sete décadas têm o direito de usufruir de uma casa só sua – um lugar bonito e privado, com sua própria mobília – e morariam no primeiro andar. Como pagamento, teriam de cuidar de uma criança e mimá-la bastante. Entre as crianças de um e dois anos de idade, filhas de pais que trabalhem fora, as pessoas idosas teriam de escolher uma pela qual sentissem forte empatia. Os pais a levariam pela manhã, quando saíssem para trabalhar, e a buscariam no fim do dia. O presente que dariam um ao outro seria de benefício mútuo. Os idosos seriam novamente

---

* Em inglês, "E. T. - centers are homes for the Elderly [idosos] and Toddlers [crianças entre um e três anos de idade]", daí a sigla E. T. (N. E.)

tocados. As crianças pequenas adoram faces enrugadas. Elas gostam até de verrugas. Tocam piano nelas. *[Risos.]* E os idosos precisam de mais abraços, beijos e toques – especialmente de crianças. As crianças, nos primeiros anos de vida, aprenderiam o amor total, incondicional. Se vocês conviverem com o amor incondicional no início da vida, mesmo que as coisas fiquem muito ruins mais tarde, vocês conseguirão enfrentá-las. Se experimentarem o amor incondicional uma vez, ele vai durar para sempre. Ele não precisa vir necessariamente do pai ou da mãe, pois estes podem não ser capazes de dá-lo, porque eles próprios nunca o receberam. Esse é o centro E.T. dos meus sonhos.

Na adolescência, vocês iriam muito naturalmente desenvolver seu quadrante *espiritual, intuitivo*. É assim que nos desenvolveríamos normal e naturalmente se nos fosse permitida também uma evolução natural através do crescimento, sem interferências. O quadrante espiritual, intuitivo, é aquela parte de nós que detém todo o conhecimento. É o único quadrante do ser humano em prol do qual não precisamos trabalhar, porque nascemos com ele. Também recebemos um dom: se perdemos alguma coisa, sempre conseguimos em troca algo que é melhor do que aquilo que perdemos. Nas crianças que morrem muito cedo de leucemia, de tumor no tronco encefálico ou de outra doença, o quadrante físico se deteriora. Em seu lugar recebem um dom – e nós, adultos, não apreciamos isso o suficiente: o seu quadrante especial começa a emergir, às vezes já aos três, quatro ou cinco anos de idade. Quanto mais tempo e mais intensamente eles tiverem sofrido, mais cedo este se desenvolverá. Elas vão parecer crianças raquíticas, muito mais novas do que a sua idade cronológica, mas o seu quadrante espiritual estará tão amplamente aberto que elas conversarão como pessoas idosas, sábias.

Essas crianças vêm à Terra para serem nossos mestres. Se não as escutarmos, se imaginarmos que elas são jovens demais para saber sobre a morte, ou se usarmos de subterfúgios com elas, então *nós* seremos os perdedores, não as crianças.

O problema é que poucos de nós somos totalmente intuitivos, a maioria não escuta a si mesma, mas escuta os outros que lhe dizem o que fazer. E isso acontece porque a maioria de nós foi educada com amor condicional. Se você foi educado com base em: "Eu o amo se você tirar boas notas na escola", "Eu o amo se você conseguir passar no vestibular", "Deus, como eu o amaria se pudesse dizer: meu filho é um médico", então você foi educado acreditando que pode comprar o amor, que seus pais vão amá-lo se você se tornar o que eles querem que você se torne. E vai terminar tornando-se uma prostituta. *[Risos escassos.]*

A prostituição é o maior problema deste mundo, devido a esta única palavra: "se". Há milhões de pessoas que fariam qualquer coisa, qualquer coisa no mundo, para ter certeza de que seus pais as amam. Qualquer coisa. Essas são pessoas que acreditam que se pode comprar o amor. Elas fazem compras até o fim da vida, tentando encontrar o amor, e nunca o encontram. Porque não se pode comprar o amor verdadeiro. E são esses que vejo, em seu leito de morte, dizendo-me com muita tristeza: "Eu construí uma vida boa, mas nunca vivi realmente." Então, nós lhes perguntamos: "O que significa para você viver realmente?" E eles respondem: "Bem, eu fui um advogado muito bem-sucedido, ou um médico muito bem-sucedido, mas na verdade queria ter sido carpinteiro."

∞

Quando trabalhamos com pacientes à beira da morte, primeiro cuidamos exclusivamente das suas necessidades físicas, do seu quadrante físico. Antes de tudo, temos que manter nossos pacientes sem dor. O conforto físico e a ausência de dor vêm bem antes de qualquer apoio emocional, antes de qualquer ajuda espiritual, antes de qualquer outra coisa. Não se pode ajudar emocional ou espiritualmente um paciente prestes a morrer se ele está subindo pelas paredes de dor, ou se, por outro lado, lhe são dadas injeções que o deixam tão dopado e sedado que ele não consegue mais se comunicar.

Então, o que fazemos é receitar aos pacientes um coquetel via oral que lhes é dado antes que sintam qualquer dor, e que lhes é ministrado regularmente, para que estejam sempre sem dor e conscientes até o momento da morte. Tudo isso é um pré-requisito para o apoio emocional.

Quando se sentem fisicamente confortáveis, sem dor, acompanhados, secos e capazes de se comunicar, passamos a abordar o quadrante emocional.

Mas como podemos nos comunicar com um paciente terminal que não consegue dizer uma palavra? Como podemos nos comunicar com um paciente que tem esclerose lateral amiotrófica, ou que teve um derrame maciço e está totalmente paralisado? Como podemos adivinhar que ele, por exemplo, quer que cocemos suas costas? Não somos leitores da mente – muito poucas pessoas o são. Então, como podemos nos comunicar com ele? Bem, utilizamos um quadro de fala: fazemos diversas listas: uma com as letras do alfabeto, outra com todas as pessoas importantes, outra com todas as partes do corpo e, por fim, uma com todas as necessidades fisiológicas importantes. Assim, até mesmo uma criança de dez anos de idade pode ir apontando os itens dessas listas e o paciente pode fazer "Hrrr" quando ela estiver apontando a palavra ou a letra certa.

Esse tipo de quadro é um presente dos deuses para pacientes com esclerose lateral amiotrófica. Não tem todo esse valor para pacientes com derrame, porque muitos deles não conseguem compreender as palavras escritas. Então, para esses, precisamos fazer um quadro de figuras.

É importante que vocês conheçam esse quadro de fala porque, se um paciente é muito inteligente, está acamado há quatro anos e não consegue se comunicar de maneira nenhuma, vocês então começarão a tratá-lo como se fosse surdo e mudo, porque não há resposta da parte dele. E uma das piores mortes que podemos experimentar é exatamente esta: as pessoas se desconectarem de nós.

Alguns anos atrás, dei uma consulta solicitada pela esposa de um homem de meia-idade que estava paralisado e incapaz de falar havia quatro anos. Quando vi o paciente, ele era um homem muito devastado, largado em cima da cama. Tinha dois filhos pequenos e uma mulher *absolutamente* exausta. E tudo o que ele conseguia expressar era um pânico total.

Usei um desses quadros de fala e lhe perguntei por que estava naquele estado de pânico, e ele respondeu que sua esposa estava tentando se livrar dele. Eu questionei:

– Ela está tentando se livrar de você? Mas há quatro anos ela vem cuidando de você dia e noite, 24 horas por dia!

– Sim. Por isso ela está tentando se livrar de mim – respondeu.
– Ela tem feito isso. Não está aguentando mais e já fez arranjos para me mandar para um hospital.

Agora, ele estava com medo de que, nas últimas semanas de sua vida, ela o mandasse para um hospital, e ele conhecia muito bem os hospitais para saber que o poriam num respirador. Disse-me que, durante quatro anos, havia observado seus filhos crescerem e que fora capaz de enfrentar sua doença. E agora, nas últimas semanas de vida, sua esposa não aguentava mais e queria que ele fosse para o hospital. Ele lhe implorava que, por favor, aguentasse mais duas semanas, prometendo-lhe morrer logo para não continuar a ser uma carga tão pesada para ela. Perguntei a ela, na frente do paciente e dos filhos, se ele estava certo, e ela confirmou que havia feito arranjos para o hospital buscá-lo porque se sentia no fim da sua força física. (Todos os que já cuidaram de um paciente durante 24 horas por dia sabem que nenhum ser humano consegue fazer isso durante quatro anos.) E eu lhe perguntei quanto lhe custaria ficar com ele mais algumas semanas. Porque, se um paciente que *não* é neurótico lhe diz que tem apenas algumas semanas de vida, você deve escutá-lo!

E ela disse, para encurtar a história, que precisava de um homem. Perguntei-lhe se era tão difícil viver sem um homem. Respondeu-me que não, que havia se acostumado a não ter um marido. Entretanto, precisava de um homem, isto é, de uma pessoa forte que pudesse ficar com seu marido das oito da noite às oito da manhã, para que ela pudesse dormir a noite toda. Acho que qualquer um de vocês que já teve um filho doente sabe que essa é uma solicitação muito razoável.

Acredito que não há coincidências na vida – eu as chamo de "manipulações divinas". Sabia que estava dando essa consulta domiciliar na véspera de um *workshop* de cinco dias, e então disse-lhe:

– Sabe, tenho a certeza de que estou aqui porque nesse *workshop* vou encontrar o homem certo. E vou raptá-lo e trazê-lo aqui *[risos]* para fazer o turno da noite para você. No caso de isso não acontecer, volto aqui e lhes faço outra visita.

E aquela mulher tinha tanta fé no que eu chamo de manipulação divina que disse que aguentaria mais cinco dias.

Então começou o *workshop*. Sempre há mais mulheres do que homens, naturalmente. Eu só olhava para os homens. *[Risos.]* Olhei para cada um daquele grupo de cem pessoas. Perguntava a mim mesma: "Será que é aquele? Não. Quem sabe aquele? Não." Ninguém parecia a pessoa certa.

Na quarta-feira, comecei a ficar nervosa. *[Risos.]* Em geral, minha intuição é muito boa. É quando eu uso minha mente que as coisas se complicam. *[Risos.]* Mas, na quarta-feira, olhei para cada um dos homens, exceto para aquele que ainda não havia falado nada.

Então aquele homem se levantou e começou a partilhar; no momento em que abriu a boca, pensei: "Esse não tem *a menor condição* de cuidar daquele paciente." Ele falava, se me desculpam a expressão, como um californiano. *[Risos.]* Essa é uma expressão odiosa, e eu não pretendia que fosse. Ele estava sentado como que... encolhido. *[Tenta demonstrar como ele estava sentado.]* Não consigo me sentar daquele jeito. Contou como ia de *workshop* em *workshop*, de Esalen ao Himalaia. Só comia arroz integral e vegetais crus. *[Risos.]* Não consigo descrevê-lo de maneira mais grotesca, mas ele era um daqueles verdadeiros extremistas *[risos]* que sofrem de *workshopite*. *[Risos.]* E, quanto mais ele falava, mais eu pensava: "Não, não, não, eu não posso mandar uma pessoa assim para aquele homem." Por fim, ele disse:

– Quero seguir seus passos. Quero fazer esse tipo de trabalho.

E eu pensei: "Vou lhe mostrar." *[Risos.]*

Propus:

– Está disposto a trabalhar 12 horas por dia?

– Estou!

– Está disposto a trabalhar com um homem que não consegue falar?

– Estou!

– Que não consegue escrever nem um bilhete?

– Estou!

– Dia e noite?

– Sim!

– Está disposto a não ser remunerado pelo seu trabalho?

– Sim!

Quanto pior eu descrevia o paciente, mais animado ele ficava. *[Risos.]* No fim, não tive outra saída senão lhe dizer:

– Está bem. Seu trabalho começa na sexta-feira às oito horas da noite. *[Risos.]*

Devo dizer que eu não tinha absolutamente nenhuma expectativa de que ele aparecesse para trabalhar. Pensei: "Quando o *workshop* terminar, na sexta-feira ao meio-dia, ele vai sumir."

Mas ele não somente começou a trabalhar para aquela família como fez o melhor trabalho que alguém já havia feito para qualquer um de meus pacientes – desde massagear os pés do paciente até preparar refeições especiais e ler para ele. Estava *realmente* cuidando dele. E ficou naquela casa até duas semanas depois da morte do paciente, para se certificar de que a família estava bem.

E a lição que aprendi foi jamais subestimar um californiano. *[Gargalhadas.]* Nunca, nunca, nunca... Sempre que vocês reagirem negativamente a uma pessoa ou a alguma coisa, devem entender que essa é sua própria tarefa inacabada. Ouviram isso? Eu reagi muito mais do que 15 segundos àquele homem, e por isso tive de ir para casa e ponderar sobre o que me perturbou tanto quando ele falou em arroz integral e vegetais crus. *[Risos.]* É porque eu tomo café, como hambúrgueres, fumo cigarros e sou muito alérgica a toda essa comida extremista. *[Risos.]* Mas essa é a maneira de vocês diagnosticarem a sua própria tarefa inacabada. E é muito importante que façam isso.

Assim, depois de cuidarmos das necessidades físicas de nossos pacientes, depois de termos nos certificado de que há uma maneira de eles se comunicarem – o que sempre ocorrerá se conhecermos o quadro da fala que mencionei –, só depois é que será possível cuidar do quadrante emocional.

Tudo o que precisamos fazer como cuidadores é perguntar o que podemos fazer por eles e escutar e ouvir o que os pacientes terminais nos dizem, a partir não de seu quadrante intelectual, mas do quadrante intuitivo, que é o que eles precisam fazer para viver, literalmente viver, até o momento da morte.

Mas temos de estar conscientes do fato de que muitos, muitos pacientes nos dizem que *não* querem a nossa ajuda. Eles nos dizem de uma maneira delicada – e às vezes não tão delicada – que devemos ir embora. O que estamos fazendo ali?

A maior parte das pessoas que oferece sua ajuda sente-se terrivelmente rejeitada quando lhe é dito para ir para casa. Mas vocês devem avaliar que, se estivessem morrendo em um hospital e alguém chegasse e se oferecesse para ajudá-los a terminar sua tarefa inacabada, vocês diriam, "Não, obrigado!", porque gostariam de escolher vocês próprios o amigo com quem terminá-la, e não que um administrador de hospital lhes enviasse alguém para fazê--lo por vocês.

Devemos sempre avaliar quando um paciente faz com que nos sintamos não amados, indesejados ou desnecessários, porque, toda vez que nos sentimos negativos em relação a alguém, especialmente a um paciente, ele nos dá um presente ao nos colocar em contato com sua tarefa inacabada. Se temos autoestima e autorrespeito suficientes e um sentimento de confiança com relação ao papel que desempenhamos, não ficaremos devastados quando um paciente nos disser: "Não, obrigado!" É muito importante que os profissionais da saúde aprendam isso, para não se sentirem "destruídos". *Podemos trabalhar oitenta horas por semana com crianças à beira da morte, com famílias de vítimas de assassinato e de suicídio e com as maiores tragédias que mal podemos conceber, sem, no entanto, jamais sermos destruídos enquanto nós mesmos não tivermos tarefas inacabadas.*

AS CINCO EMOÇÕES NATURAIS

Deus criou o homem com cinco emoções naturais. São elas: medo, culpa, raiva, ciúme e amor. E quando estamos com seis anos, todas as emoções naturais terão se transformado em não naturais.

Nada do aspecto natural vai manter nossa energia e nada do aspecto não natural vai nos pressionar a ponto de poderem chamá-lo de síndrome da explosão. Quantos de vocês já experimentaram uma explosão? *[Várias mãos se levantam.]* Isso não existe! *[Risos surpresos.]* Uma explosão é algo tão ridículo quanto dizer: "O diabo me fez fazer isso." *[Risos.]* O diabo não nos manda fazer nada se nós não deixarmos.

A explosão é... Digamos que você trabalhe na Unidade de Terapia Intensiva [UTI] e tenha cinco pacientes morrendo em um dia. Então chega o sexto, uma hora antes de você sair, e você vai ficar preso com aquele paciente. Aí, pensa: "Não aguento pegar mais um." E nunca compartilha sua frustração, sua impotência, sua ira, sua raiva, seus sentimentos de injustiça. Você é o cuidador e reprime todas as suas frustrações e negatividade porque não pode sair por aí soluçando e chorando, ou batendo nos médicos. Mantém, assim, aquele rosto calmo, sorridente. Depois de um tempo, você explode. Se não explodir, ficará totalmente esgotado e, no dia seguinte, terá de atender doente, embora não esteja doente. Essa é a síndrome da explosão.

Se você se tornar natural novamente, posso lhe garantir que poderá trabalhar 17 horas por dia, sete dias por semana, e continuará disposto. Às vezes poderá ficar sonolento, mas não estará negativo.

∞

Aprendam a respeitar as cinco emoções naturais e não as transformem em emoções não naturais. Vou falar rapidamente sobre elas.

Temos apenas dois *medos* naturais: o medo de cair de lugares altos e o medo de ruídos altos inesperados. Podemos colocar uma criança pequena aqui *[indicando o palco]* – qualquer criança – e ela não vai descer porque tem embutido dentro dela um medo de lugares altos.

Sou uma senhora às portas da morte e não tenho medo de morrer. Mas, se alguém der um tiro atrás de mim, vou me jogar no chão tão rapidamente que vocês ficarão surpresos com a minha rapidez.

Esses são os medos naturais de lugares altos e ruídos altos. Eles nos foram dados para evitarmos que o nosso corpo se machuque – eles nos ajudam a sobreviver, literalmente.

[Dirige-se à plateia:] Que outros medos vocês têm? *[Risos e depois silêncio.]* Digam alguns! *[Repete respostas da plateia:]* Medo da morte. O que mais? Fracassos. Aparelhos para respiração artificial. Ficar sozinho. Rejeição. Altura. O desconhecido. O que os vizinhos vão dizer. Cobras. Ratos. Aranhas. Pessoas. *[Risadas.]* E assim por diante.

Terminamos com um milhão de medos não naturais que tornam a vida miserável, e passamos nossas fobias para nossos filhos e para os filhos de nossos filhos. Como está tão lindamente expresso na Bíblia: "Os pecados de seus pais serão transmitidos para os filhos e para os filhos dos filhos." É isso que se entende por pecado original.

Vocês não têm ideia de quantas pessoas despendem 90% da sua energia vital e fazem escolhas na sua vida cotidiana baseadas no medo. Esse é o maior, o maior problema que vocês enfrentam. Porque, se tiverem uma vida sem medo algum, exceto os medos naturais, poderão começar a viver plenamente.

Em meus *workshops*... vocês não têm ideia dos tipos de decisões que as pessoas tomam baseadas num medo do qual elas estão absolutamente inconscientes. O medo do que os vizinhos vão dizer tem matado mais crianças do que qualquer outra coisa. O medo de não ser amado, o medo de ser rejeitado, o medo de não ser uma boa menina ou um bom menino têm levado mais crianças ao suicídio do que qualquer outra causa no mundo todo. Quero que vocês vão para casa esta noite e, se tiverem filhos, tentem pensar sozinhos, em particular: Quantos "ses" vocês vinculam à declaração "eu o amo".

As pessoas que não têm medo do que os vizinhos vão dizer, as pessoas que não têm medo de não ser amadas, viverão uma vida total, plena.

Muito frequentemente, quando estou diante do caixão de uma criança, os pais lamentam: "Por que eu o recriminei tanto? Por que não enxerguei a beleza desta criança? Por que me queixei de que o meu filho tocava tambor toda noite? Eu me queixei e me queixei. Esta noite eu daria qualquer coisa no mundo para ouvi-lo tocar tambor."

∞

A *tristeza* é uma emoção natural e um dos maiores presentes que o homem recebe para lidar com todas as perdas na vida. Quantos de vocês puderam chorar quando eram crianças? Se permitíssemos que nossos filhos expressassem sua tristeza quando experimentaram as milhares de pequenas mortes em sua vida, eles não teriam terminado como adultos cheios de autopiedade. Em geral, não permitimos que nossas crianças expressem tristeza. *[Dirige-se à plateia:]* E a vocês, o que lhes diziam quando estavam chorando? *[Repete as respostas da plateia:]* "Meninos grandes não choram." "Você é um bebê chorão." "Se chorar de novo, vai para o seu quarto." "Meu Deus, lá vai ela chorar de novo!" *[Risos de reconhecimento.]* E o meu preferido: "Se você não parar de chorar, vou lhe dar um motivo para chorar de verdade!" *[Risos de reconhecimento e aplausos.]* Essas crianças terão um enorme problema mais tarde com qualquer coisa relacionada à tristeza e, com frequência, terminarão repletas de autopiedade.

Se uma criança cai de um triciclo e você, pai ou mãe, não faz um enorme estardalhaço, mas deixa que ela chore, alguns segundos depois ela estará no triciclo, pedalando novamente. Dessa maneira, vai se preparar para as tormentas da vida. Não se tornará uma covarde. Vai se tornar forte, porque não terá um reservatório de lágrimas reprimidas.

A tristeza reprimida transforma-se em problemas pulmonares e asma. Podemos deter um ataque asmático se ajudarmos o paciente a chorar. Não estou dizendo que a tristeza reprimida, em si, *causa* asma, mas um reservatório de lágrimas reprimidas contribui enormemente para a asma, para problemas pulmonares e para problemas gastrintestinais. Se vocês têm famílias com uma grande história de asma e as ajuda a pôr suas lágrimas para fora, elas vão ficar muito melhores.

∞

A *raiva* é pior ainda. Não se espera que as crianças sintam raiva. Mas a raiva em uma criança que é educada naturalmente só demora 15 segundos, que é o tempo que ela leva para dizer: "Não, mamãe!"

[Dirige-se à plateia:] Quantos de vocês foram espancados, surrados, golpeados, punidos ou enviados para o quarto ao ficarem com raiva quando crianças? *[Silêncio.]* Ninguém aqui na Suécia? *[Risos.]* Não posso acreditar nisso! Quantos de vocês *nunca* foram castigados quando estavam com raiva?

Muito poucas crianças são aceitas quando estão com raiva. O que os pais precisam entender é que a raiva natural só dura 15 segundos. Então, acaba, e as crianças estão prontas para ir em frente. Mas se não nos é permitido sentir raiva e, pior ainda, se formos espancados, punidos ou repreendidos por senti-la, vamos nos tornar Hitlers, pequenos e grandes Hitlers, cheios de ira, desejo de vingança e ódio. O mundo está repleto deles. E estou usando esta palavra especificamente porque há um Hitler dentro de todos nós. Um miniHitler ou um maxiHitler.

Se vocês, como adultos, tiverem a coragem de entrar em contato com a própria raiva, reprimida desde que eram crianças, e com ocasiões em que ficaram furiosos com alguém ou com raiva de alguém durante mais de 15 segundos, entrarão em contato, nesse caso, com algo que foi reprimido e a que chamamos ira, ódio e desejo de vingança. Esse é fisicamente o pior tipo de tarefa inacabada que podem carregar dentro de si, porque, se mantiverem esses sentimentos reprimidos dentro de vocês por longo tempo, eles finalmente afetarão seu quadrante físico e conduzirão a doenças.

O ódio, que é a raiva distorcida, é um grande assassino em termos de doença física. Toda emoção não natural tem seu equivalente físico: um problema coronariano é uma expressão de medo e raiva reprimidos. Se você é membro de uma família geneticamente inclinada a ter problemas coronarianos aos quarenta anos de idade, é um homem que está se aproximando dessa idade e sabe que isso é como uma espada sobre a sua cabeça, venha a um dos meus *workshops*, e vou ajudá-lo a se livrar da raiva e do medo. Você nunca imaginou que isso poderia estar dentro de você – é como uma panela de pressão prestes a explodir. Livre-se do medo e da raiva e, apesar da probabilidade genética de vir a ter um problema coronariano precocemente, você vai acrescentar anos a seu tempo de vida. As emoções negativas reprimidas são os grandes assassinos da nossa sociedade.

BILLY

Certa vez fiz uma consulta a uma criança de oito anos de idade que estava morrendo. Os pais andavam de um lado para o outro, e no mesmo quarto havia outra criança pequena, sentada próxima da janela, totalmente sozinha, como se não pertencesse à família. Presumi que fosse um vizinho que estivesse de visita. Ninguém o incluía, ninguém falava com ele, ninguém o apresentou a mim. Era como se não existisse. Quando atendemos os pacientes em suas casas, aprendemos muito. Eu também o ignorei totalmente e entrei no esquema daquela família.

No decorrer da conversa, percebi que aquele devia ser Billy, irmão da criança doente. Ele tinha cerca de sete anos de idade. Antes de eu ir embora, pedi-lhe que fizesse um desenho e percebi que o menino que estava à beira da morte não tinha problemas, mas *ele*, Billy, tinha mais problemas do que toda a família junta. Perguntei-lhe qual era o seu grande problema, e ele não conseguiu se expressar claramente com palavras. Pedi-lhe para fazer outro desenho e, então, consegui conversar com ele a partir do seu próprio desenho.

Quando estava indo embora, no final da consulta, levantei-me e disse a Billy:

— Eu queria que *você* me levasse até a porta.

Num salto, perguntou:

— Eu?

— Você, e só você — confirmei, dirigindo à mãe o que eu chamo de "olhar de águia" *[risos]*, que significa: "Você, fique aí onde está e não vá sair daí e se meter no que eu vou fazer com esse menininho."

Ela captou a mensagem, e caminhamos até a porta. Ao chegarmos lá, ele agarrou minha mão e, enquanto fechava a porta, o bastante para não poder ser visto pelos pais, olhou para mim e disse:

— Acho que você sabe que eu tenho asma.

Sem pensar, falei *[na maioria das vezes eu não penso primeiro]*:

— Isso não me surpreende.

A essa altura, estávamos diante do carro. Sentamo-nos no banco da frente e fechamos a porta para que os pais bisbilhoteiros não pudessem nos ouvir.

– Então, você tem asma! – falei.

E ele disse muito tristemente:

– Só que acho que não adianta muito.

– Não adianta muito? – repliquei.

Ele disse, muito praticamente:

– Meu irmão ganha trens elétricos, viagens à Disneylândia, não há nada que não façam para ele. Mas, quando eu quis uma bola de futebol, meu pai disse não. E quando lhe perguntei por que não, ele ficou muito zangado e disse: "Você preferiria ter um câncer?"

Vocês entendem o pensamento lógico desses pais? Entendem a tragédia do menino?

As crianças entendem tudo literalmente. Não admira que algumas crianças desenvolvam sintomas psicossomáticos. Se nós, adultos, lhes dizemos muito explicitamente: "Se você tiver câncer, pode ter tudo, mas, como está bem, não faça exigências", é compreensível que essa criança cresça com enorme raiva, ódio, desejo de vingança e autopiedade. Ela pode pensar algo assim: "Se meu irmão consegue brinquedos melhores à medida que fica mais doente, talvez eu não esteja doente o bastante e tenha que ficar mais doente." Esse é o início da doença psicossomática. Assim, ele desenvolve asma e, quanto mais adoece, maior o presente que ele acha que vai receber. Mais tarde, pode se tornar um grande manipulador, porque, sempre que quiser alguma coisa, terá um ataque cardíaco dramático, ou um ataque de asma. Pode também querer que seu irmão morra depressa para que a vida se torne novamente normal e, assim, ele possa de novo conseguir uma pequena fatia do bolo. Isso, é claro, vai fazer com que se sinta muito culpado.

Vemos com muita frequência esse tipo de comportamento não natural. Podemos ajudar os pais a entender que eles têm realmente que prestar atenção no que dizem às crianças pequenas, porque elas entendem tudo literalmente. E podemos ajudar esse garotinho a chorar por todas as coisas que não conseguiu e por nunca ter recebido atenção suficiente. Ajudaria bastante se ele pudesse expressar sua tristeza e se um vizinho, um padre, um amigo ou qualquer outra pessoa saísse com esse meninozinho saudável e lhe desse uma atenção especial. Eles poderiam realizar um grande trabalho de medicina e de psiquiatria preventiva, fazendo com que ele entendesse que não precisa ter câncer para ser amado. Todas as crianças precisam de amor e, se o receberem, não terão que desenvolver asma para competir com um irmão que tem câncer.

Uma coisa completamente diferente acontece com crianças que foram amadas incondicionalmente e puderam expressar sua raiva natural. Quando elas estão à beira da morte, conseguirão nos dizer em poucos minutos quando é hora de parar o tratamento. Seu quadrante intuitivo sabe quando só vão viver mais alguns dias, e elas vão dizer à mãe ou ao pai, ou a um médico ou enfermeira, ou a outra pessoa em quem confiem: "Chegou a hora de eu ir para casa." Se vocês conseguirem escutar isso, nunca perderão a chance quando o paciente lhes diz: "Tenho poucos dias de vida. Preciso ir para casa agora." Vocês adorarão ouvir isso e facilmente encontrarão a coragem para interromper a quimioterapia, ou o que quer que tenham iniciado, porque já sabem que o paciente tem consciência de que não vai sobreviver a isso.

A beleza de trabalhar com pacientes que estão à beira da morte – se estamos prontos para nos livrar dos nossos próprios bloqueios, da nossa própria tarefa inacabada – é que conseguiremos *escutar* o quadrante intuitivo na fala deles. Em todos os meus vinte anos de trabalho com pacientes terminais, tanto adultos quanto crianças, nunca encontrei um que não soubesse que estava morrendo. Isso inclui crianças de cinco anos de idade, que, no quadrante intelectual, não têm ideia do que há de errado com elas e, ainda assim, conseguem não apenas dizê-lo – não através da linguagem científica, mas de desenhos – como também nos fazer saber quando a morte está próxima.

Se conseguirem escutar isso, *se* os pais não projetarem suas próprias necessidades, *se* o médico se permitir admitir que os pacientes sabem mais sobre si mesmos do que ele, então nunca terão problemas com o prolongamento artificial da vida quando isso não for de nenhuma ajuda. Vou lhes dar um exemplo muito prático disso quando terminar de falar sobre as emoções naturais.

∞

O *ciúme* é uma emoção natural, muito natural e muito positiva. Ele ajuda as crianças pequenas a competir, a copiar crianças mais velhas aprendendo a esquiar, a patinar no gelo, a tocar flauta, a ler um livro. Se nós as depreciamos em seu ciúme natural, este se transforma em inveja e competição muito feias. Se essa forma de ciúme natural é abafada e depreciada, ela vai transformar a mente em um estado de competição sem fim.

∞

Entre todos os problemas, o *amor* é o maior, um problema que empurra o nosso mundo quase que para a autodestruição. Se não entendermos o amor, vamos ter problemas não somente com pacientes que estão morrendo, mas também com aqueles que estão vivendo. O amor consiste em dois aspectos. Um deles é segurar, abraçar, tocar e dar segurança física. E o outro, a parte mais importante, que é esquecida pela maioria das pessoas, é a coragem de dizer não; de dizer NÃO em letras maiúsculas para alguém que amamos. Se não conseguimos dizer não, é sinal de que temos muito medo, vergonha ou culpa dentro de nós. Uma mãe que amarra os sapatos de seu filho até os 12 anos de idade, não lhe dá amor, mas o oposto, porque ela não consegue lhe dizer não.

Há também outra maneira de dizer não que os pais precisam aprender. Os pais que amam *demais* um filho a ponto de não deixá-lo atravessar a rua sozinho, não o deixam passar a noite em casa dos amigos, nem lhe permitem ir a lugar algum, esses pais não aprenderam a dizer não às *próprias* necessidades. Não expressam amor por seu filho paralisando-o. Ao contrário, projetam nele seus próprios medos e sua própria tarefa inacabada.

Se você tem muito medo, vergonha e culpa para dizer não a seus filhos ou a si mesmo, vai criar uma geração de mutilados, privando-os de viver e se privando da maior experiência da sua vida.

JEFFY

Quando trabalhamos com crianças que estão à morte, experimentamos o que significam os efeitos da falta de amor. Vão para casa, observem seus próprios filhos e tentem praticar o que as crianças em estado terminal lhes ensinam.

Meu melhor e mais breve exemplo é Jeffy, de nove anos de idade, que teve leucemia durante seis dos seus nove anos de vida. Ele entrava e saía do hospital. Era um menino muito doente quando o vi pela última vez no hospital. Seu sistema nervoso central havia sido comprometido. Parecia um homenzinho bêbado. Sua pele era muito pálida, quase descorada. Mal conseguia ficar de pé sozinho. Havia perdido muitas vezes o cabelo com a quimioterapia. Não conseguia nem mais olhar para as agulhas de injeção, e tudo era doloroso demais para ele.

Eu estava bem consciente de que essa criança tinha, no máximo, algumas semanas de vida. Depois que você cuida de uma família com uma criança como aquela durante seis dos seus nove anos de vida, naturalmente se torna parte dela.

Naquele dia, era um médico muito jovem que estava fazendo a ronda. Eu acabara de chegar quando o ouvi dizer aos pais de Jeffy: "Vamos tentar outra quimioterapia."

Perguntei aos pais e aos médicos se eles haviam consultado Jeffy, se *ele* estava disposto a fazer outra série do tratamento. Como os pais o amavam incondicionalmente, conseguiram permitir que eu fizesse essa pergunta a Jeffy em sua presença. Jeffy me deu uma resposta muito bonita, do jeito como as crianças falam. Ele disse simplesmente:

– Não entendo vocês, adultos. Por que vocês têm que deixar as crianças tão doentes para elas sararem?

Conversamos sobre isso. Essa foi a maneira de Jeffy expressar os 15 segundos naturais de raiva. Ele teve autoestima, autoridade interna e amor-próprio suficientes para ousar dizer: "Não, obrigado." Os pais foram capazes de ouvir, respeitar e aceitar.

Então eu quis me despedir de Jeffy. Mas ele disse:

– Não. Eu quero ter certeza de que vão me levar para casa hoje.

Se uma criança nos diz: "Leve-me para casa *hoje*", há aí um sentido de grande urgência, e tentamos *não* protelar isso. Por isso, perguntei aos pais se estavam dispostos a levá-lo para casa. Os pais tinham amor e coragem suficientes para fazê-lo.

Mais uma vez, eu quis me despedir. Mas Jeffy, como todas as pessoas que ainda são terrivelmente honestas e simples, disse-me:

– Quero que *você* vá para casa comigo.

Olhei o meu relógio, o que, na linguagem simbólica, não verbal, significa: "Sabe, na verdade eu não tenho tempo para ir para casa com todas as minhas crianças." Sem que eu me expressasse em palavras, ele entendeu instantaneamente e disse:

– Não se preocupe, vão ser só uns dez minutos.

Fui com ele, sabendo que, nos dez minutos seguintes, em casa, Jeffy concluiria sua tarefa. Fomos para casa – os pais, Jeffy e eu.

Passamos pela entrada de carro, abrindo a garagem. Na garagem, fora do carro, Jeffy disse ao pai, sem rodeios:

– Desça a minha bicicleta da parede.

Jeffy tinha uma bicicleta nova que estava pendurada em dois ganchos na parede interna da garagem. Durante muito tempo, o sonho da sua vida havia sido conseguir, pelo menos uma vez, andar de bicicleta em volta do quarteirão. E seu pai lhe havia comprado uma bela bicicleta. Mas, devido à sua doença, ele nunca pôde andar nela. Já fazia três anos que estava pendurada ali. Agora, Jeffy pedia a seu pai que a retirasse dos ganchos. Com lágrimas nos olhos, pediu-lhe para colocar as rodas auxiliares na bicicleta. Não sei se vocês avaliam como é humilhante para um menino de nove anos pedir para que sejam colocadas rodas auxiliares na bicicleta, em geral usadas apenas por crianças muito pequenas. E o pai, com lágrimas nos olhos, colocou as rodas auxiliares na bicicleta de seu filho. Jeffy estava trôpego, mal conseguindo se manter de pé. Quando o pai terminou de colocar as rodinhas, Jeffy olhou para mim e disse:

– E *você*, doutora Ross, está aqui para segurar minha mãe.

Jeff sabia que sua mãe tinha um problema, uma tarefa inacabada. Ela ainda não havia conseguido aprender o amor que pode dizer não às próprias necessidades. Sua maior necessidade era levantar seu filho muito doente, colocá-lo na bicicleta como se fosse um menino de dois anos de idade, segurá-lo e fazer com ele a volta pelo quarteirão. E assim o teria impedido de conseguir a maior vitória de sua vida. Por isso, segurei sua mãe, e seu marido *me* segurou. Seguramos um ao outro e aprendemos, por esforço próprio, como às vezes é doloroso e difícil, diante de uma criança muito vulnerável, à beira da morte, permitir-lhe a vitória e o risco de cair, se machucar e sangrar.

Ele se foi.

Depois de uma eternidade, ele voltou, o homem mais orgulhoso que se possa ter visto algum dia. Sorria de orelha a orelha.

Parecia alguém que havia ganho a medalha de ouro nas Olimpíadas. Muito orgulhosamente, desceu da bicicleta e, com *grande* autoridade, pediu para seu pai tirar as rodas auxiliares da bicicleta e levá-la para o quarto dele. Então, de uma maneira muito serena, muito bela, muito direta, voltou-se para mim e disse:

– E você, doutora Ross, pode ir para casa agora.

Ele mantivera a promessa de que aquilo só tomaria dez minutos do meu tempo. Mas também me dera o maior presente que eu poderia testemunhar: sua grande vitória, a realização de um incrível sonho. Isso *jamais* teria sido possível se o tivéssemos mantido no hospital.

Duas semanas depois, sua mãe me telefonou, dizendo: "Tenho de lhe contar o fim da história."

Depois que eu saí, Jeffy lhes pediu: "Quando meu irmão voltar da escola" – seu irmão era Dougy, que cursava a primeira série – "peçam para vir aqui em cima, mas sem adultos, por favor". (Esse é, mais uma vez, o "não, obrigado". E eles o respeitaram.)

Dougy chegou em casa, e os pais lhe pediram que subisse para falar com seu irmão. Quando ele desceu, um pouco depois, recusou-se a falar para seus pais sobre o que ele e seu irmão haviam conversado. Só duas semanas mais tarde ele conseguiu contar o que havia acontecido durante aquela conversa.

Jeffy disse a Dougy que queria ter o prazer de lhe dar pessoalmente sua amada bicicleta. Mas não podia esperar mais duas semanas, até o aniversário de Dougy, porque então ele já teria morrido. Por isso, queria dá-la agora, mas com uma única condição: que Dougy *jamais* usasse aquelas horríveis rodinhas auxiliares. *[Risos.]* Essa foi outra expressão de 15 segundos de raiva.

Jeffy morreu uma semana depois. Dougy fez aniversário daí a uma semana e pôde, então, nos contar o fim da história: como uma criança de nove anos de idade concluiu sua tarefa.

E eu espero que vocês entendam que os pais sentiram muita tristeza, mas não uma tristeza pesarosa, e sim uma tristeza sem medo, sem culpa e sem vergonha, sem lamentar: "Ó meu Deus, se pelo menos pudéssemos ter sido capazes de escutá-lo."

Eles tinham a lembrança de sua volta de bicicleta pelo quarteirão e daquele sorriso feliz no rosto de Jeffy, que foi capaz de conseguir sua grande vitória em algo que a maioria de nós, infelizmente, encara como comum.

As crianças sabem aquilo de que necessitam. As crianças sabem que a hora está chegando. As crianças compartilham conosco sua tarefa inacabada. E o nosso próprio medo, culpa, vergonha e rigidez é que nos impedem de escutá-los. Assim fazendo, nós nos privamos de momentos sagrados como esse.

∞

Meu próximo exemplo breve de tarefa inacabada não tem nada a ver com ódio ou com tristeza mal resolvidos. Trata-se mais de encarar as coisas boas como direitos adquiridos... *[Ela se interrompe:]* A propósito, quantos de vocês deixaram de falar com sua sogra por dez anos ou mais? *[Risos.]* Não espero confissões públicas *[risos]*, mas pelo menos perguntem a si mesmos: Por que trato as pessoas que não me aprovam... por que preciso tratá-las com a vingança do silêncio? Se essa sua sogra morrer amanhã, você gastará uma fortuna com a floricultura, e isso só vai ajudar o florista. *[Risos.]* Mas, se amanhã você achar que dez anos de punição é bastante, então pode sair, comprar algumas flores e dá-las para sua sogra. Não espere, porém, que ela ame você ou lhe agradeça. Ela pode até atirá-las na sua cara, mas *você* lhe terá feito sua oferta de paz. Se então ela morrer no dia seguinte, você sentirá tristeza, mas não uma tristeza pesarosa. A tristeza é natural e é um dom de Deus. A tristeza pesarosa é: "Se pelo menos eu..."

Mas tarefa inacabada não é apenas tristeza, raiva, ciúme e coisas negativas não expressadas. Ela também poderá incomodá-lo muito se você tiver tido experiências positivas que não compartilhou com seu próximo. Um professor, por exemplo, que o influenciou muito e realmente deu à sua vida sentido, propósito e direção; se nunca reservou um tempo para lhe agradecer e, então, de repente ele morre, você pode pensar: "Meu Deus, teria sido tão bom se eu lhe tivesse escrito uma carta."

Talvez o melhor e o mais breve exemplo desse tipo de tarefa inacabada que pode nos perseguir por anos e anos é uma carta que uma jovem escreveu sobre o Vietnã. É uma "Se pelo menos eu..."

∞

Lembra-se do dia em que eu pedi emprestado seu carro novo e o amassei?

Achei que você ia me matar, mas você não me matou.

Lembra-se de quando eu o arrastei para ir à praia, e você disse que ia chover, e choveu?

Pensei que você fosse dizer: "Eu não a avisei?", mas você não falou.

Lembra-se da época em que eu paquerava todos os rapazes para lhe fazer ciúmes, e você ficava com ciúmes?

Achei que você fosse me deixar, mas você não me deixou.

E quando deixei cair torta de amora nas suas calças novas?

Pensei que você nunca mais fosse olhar pra mim, mas isso não aconteceu.

E quando me esqueci de lhe dizer que o baile era a rigor, e você apareceu de *jeans*?

Achei que você fosse me bater, mas você não me bateu.

Havia tantas coisas que eu queria fazer para você quando você voltasse do Vietnã...

Mas você não voltou.

∞

Se vocês tiverem uma avó, uma professora de jardim de infância ou qualquer outra pessoa que tenha sido realmente especial para vocês – não tem de ser necessariamente alguém da sua família –, espero que vocês lhe digam todas essas coisas antes de saberem que ela morreu. Isso também é uma tarefa inacabada.

Quando tiverem a coragem de se tornar novamente honestos, tão honestos quanto as crianças, vão começar a perceber que vocês têm a coragem de avaliar e encarar honestamente sua própria tarefa inacabada. Livrem-se dela para poderem se tornar inteiros novamente. Então, seu quadrante intuitivo, espiritual, vai emergir. Vocês não têm de fazer nada além de se livrar da sua negatividade. Quando desenvolverem isso, sua vida vai mudar drasticamente.

Vocês então vão sempre escutar seus pacientes. Vão sempre escutar quando eles precisarem de ajuda. Vão sempre escutar de *quem* eles precisam de ajuda – e nem sempre é da sua. Também vão escutar do que eles precisam para terminar o que seja que não tenham terminado.

Trabalhar com pacientes terminais torna-se então uma incrível bênção. E isso jamais conduzirá a uma explosão, porque, cada vez que vocês reagirem, cada vez que encontrarem alguma pequena tarefa inacabada surgindo de tempos em tempos como uma erva daninha no jardim, saberão que têm de limpá-lo novamente.

Quando concluírem sua tarefa e acabar todo o ódio reprimido, ganância, tristeza pesarosa e todas as coisas negativas que destroem não apenas a sua vida, mas também a sua saúde, vocês perceberão que não mais importa se morrerão aos vinte, aos cinquenta ou aos noventa anos, e então não terão mais nada com que se preocupar.

Quando descobrirem essa mesma fonte de conhecimento interior em outras pessoas, em pessoas que têm uma morte repentina, perceberão que até mesmo crianças que foram assassinadas, até mesmo crianças que foram atropeladas por um carro e têm uma morte súbita, inesperada, sabem dentro de si não somente *que* elas vão morrer, mas também *como* vão morrer.

É importante que vocês saibam que, quanto mais jovem vocês forem, mais saberão. Quanto menos souberem aqui *[indica a cabeça]*, mais saberão aqui *[indica o quadrante intuitivo]* – quase, não é bem assim. E as pessoas que são intelectualmente hipertrofiadas... Entendem o que eu quero dizer com isso? Vocês vão para a escola durante anos e anos e, nesse processo, perdem a intuição, porque aprendem a analisar tudo aqui *[cabeça]* e se esquecem de que sabem muito mais aqui *[intuição]*. Passam a ter problemas com o quadrante intelectual e precisam realmente aprender a mantê-lo em harmonia com o quadrante intuitivo. Isso é muito difícil.

Vocês estão percebendo o que estou lhes dizendo? Concluir a própria tarefa é a única maneira de conseguir provocar uma mudança no mundo. E vou falar brevemente como psiquiatra, porque é muito importante que vocês curem o mundo logo, antes que seja tarde demais: *vocês têm que entender que não podem curar o mundo sem curar primeiro a si próprios.*

∞

[Um homem na plateia faz uma pergunta.] Todos ouviram a pergunta? Ele me perguntou como podemos lidar com os conflitos com a sociedade, como a sociedade poderia trabalhar com os pacientes terminais, para que não precisássemos trabalhar apenas em

um nível individual, como eu faço. *Vocês* são a sociedade! Em 1968, eu era a única pessoa nos Estados Unidos que conversava com pacientes que estavam morrendo e ensinava isso em faculdades de medicina e seminários teológicos. Nos últimos anos, temos tido 125 mil cursos por ano, somente nos Estados Unidos. Isso começa com uma pessoa, e vocês podem começar. Vocês já começaram.

Em 1970, tínhamos um abrigo para pessoas à beira da morte. No ano passado, cem abrigos desse tipo foram inaugurados somente na Califórnia. Eles estão surgindo aos borbotões. Espero que vocês entendam o que eu quero dizer. Isso não é bom. Está muito *na moda*, agora. Todo o mundo funda esses abrigos porque consegue verba governamental, e é politicamente correto fazer isso. Mas, se uma coisa não é feita com amor, com amor incondicional, e, em vez disso, é feita por lucro, prestígio ou satisfação do ego, ela não tem valor. Por isso, se dez mil pessoas aqui na Suécia começarem a ter coragem de levar os pacientes para morrer em casa, a ajudar seus vizinhos a levar seu marido ou seu filho para casa, isso requererá muito poucas pessoas para realizar esse trabalho. E, enquanto estiverem fazendo isso gratuitamente, sem expectativas de estar criando um famoso Death & Dying Center ou de quaisquer motivações não positivas que possam ter, farão um trabalho maravilhoso com seus pacientes terminais. Isso só requer uma ou duas pessoas que não temam iniciá-lo. E, por vezes, vocês poderão enfrentar muito abuso e muita hostilidade, mas o fruto do seu trabalho valerá a pena. Isso é realmente tudo o que posso dizer a respeito.

∞

[Pergunta da plateia:] "O que você diz a uma criança cuja mãe cometeu suicídio?"

Vemos muitas crianças cujas mães cometeram suicídio. Vocês não têm de lhes dar conselhos, não têm de dizer nada *para* elas. Deixem que elas façam um desenho e compartilhem com vocês o que aquilo significa para elas; ofereçam-lhes um local seguro onde elas possam externar sua ira, sua raiva, sua sensação de injustiça e sua enorme tristeza. E então, quando elas tiverem despejado toda essa angústia e essa raiva, só então comecem a ajudá-las a entender por que algumas pessoas acham que essa é a única solução. E fazemos isso com compaixão, não emitindo julgamentos.

Mas só conseguiremos isso se as tivermos ajudado a externar sua ira, sua impotência, sua raiva, e para isso precisamos de um local muito seguro. É o que fazemos em nossos *workshops*. Todas as pessoas em nossos *workshops* têm sofrimentos como esses.

∞

[Elisabeth convida a plateia a fazer novas perguntas especificamente sobre as crianças e a morte, antes de passar para o próximo tema, que é a vida após a morte. Apesar disso, muitas pessoas na plateia começam a fazer perguntas sobre a vida após a morte. No entanto, durante algum tempo ela só responde perguntas sobre as crianças e a morte, e a plateia fica cada vez mais impaciente para ouvir o que ela tem a dizer sobre a vida após a morte. Elisabeth capta esses sentimentos da plateia, e o que se segue é a sua resposta a esses sentimentos.]

[Pergunta impaciente da plateia:] "Quando você vai falar sobre a vida após a morte?"

Assim que a tarefa terrena estiver terminada. *[Risos relutantes.]*

Muitas pessoas querem saber muita coisa sobre a vida após a morte e não entendem que, se uma pessoa vive plenamente e em harmonia, sem negatividade e sem tarefas inacabadas, vai ter *suas próprias* experiências. Viver dessa maneira é a única forma de se tornar totalmente aberto no quadrante intuitivo e espiritual. Eu mesma nunca fiz *nada* para atingir todas as minhas experiências místicas. Não consigo nem sequer ficar sentada, quieta, para meditar. Como carne, tomo café, fumo, nunca estive na Índia, não tenho um guru ou um baba *[risos]* e tenho tido todas as experiências... *[aplausos]* as experiências místicas que vocês poderiam sonhar algum dia ter na vida.

E a única coisa que gostaria de lhes transmitir é que vocês não precisam de drogas, não precisam ir para a Índia, não precisam de um guru ou de um baba ou de qualquer pessoa de fora para lhes dizer o que fazer. Se estiverem prontos para as experiências espirituais e não tiverem medo, vocês mesmos as obterão.

Se não estiverem prontos para elas, vocês não vão acreditar no que vou lhes dizer. Por outro lado, se vocês já *sabem*, façam o que fizerem com vocês, ainda assim saberão.

Vocês percebem a diferença entre *saber* algo e *acreditar* em algo? Se percebem, não importa o que lhes façam, vocês vão saber que a morte não existe. Coletei vinte mil casos de experiências de quase-morte e parei de coletá-las porque tinha a ilusão de que competia a mim dizer às pessoas que a morte não existe.

Eu acreditava ser de fundamental importância dizer às pessoas o que acontece no momento da morte e descobri muito cedo *[com apenas uma sugestão de sofrimento na voz]* – e o preço que paguei por isso não foi muito baixo – que aqueles que estão prontos para escutar de algum modo já sabem, assim como minhas crianças, quando estão prontas para a morte, sabem que estão morrendo. Por outro lado, há aqueles que *não* acreditam, e a essas pessoas você poderia dar um milhão de exemplos e elas *ainda* lhes diriam que a morte é apenas resultado de privação de oxigênio. Mas isso na verdade não importa porque, depois que morrerem, de qualquer modo vão saber. *[Risos e aplausos.]* Se precisam racionalizar essas coisas, isso é problema delas.

O único Hitler que quero manter dentro de mim é aquele que, quando aquelas pessoas que me causaram problemas por eu ter falado publicamente sobre a experiência da quase-morte fizerem a transição, vai se colocar lá e observar-lhes a face surpresa, e eu vou... *[risos]* usar linguagem simbólica, não verbal! *[Risos e aplausos.]*

Se isso ajudar, vou lhes dizer agora o que precisam saber. Para mim, é muito importante que as pessoas que pesquisam sobre a vida após a morte o façam de uma maneira bastante sistemática e científica. Porque, se não usamos a linguagem certa, ela parece uma coisa muito piegas.

Nos últimos vinte anos, trabalhei com pacientes terminais e, quando comecei esse trabalho, devo dizer que não estava nem muito interessada na vida após a morte nem tive nenhum quadro realmente claro da definição da morte, exceto, naturalmente, aqueles que a medicina tem estabelecido. Quando estudamos a definição de morte, observamos que ela inclui apenas a morte do corpo físico, como se o homem fosse constituído apenas de um casulo.

Eu era uma daquelas médicas, cientistas, que nunca questionaram isso. Mas, na década de 1960, tornou-se muito difícil ser um médico, com o início dos transplantes, com a sociedade e as pessoas obcecadas pela ideia de que podemos vencer a morte por meio do dinheiro e da tecnologia. Congelavam as pessoas no momento da morte e prometiam descongelá-las "daqui a vinte anos", quando talvez pudesse haver cura para o câncer. Algumas pessoas gastavam nove mil dólares por ano na ilusão de que o seu parente poderia ser descongelado vivo. Era o máximo da arrogância e da estupidez, se me permitem chamar assim. Era ignorância, prepotência, negação da própria mortalidade, negação da origem de onde viemos. Era a negação de que a vida tem um propósito e de que a vida neste mundo físico não *tem* que durar para sempre; a negação do fato de que a qualidade de vida é muito mais importante do que os anos vividos – a quantidade de vida.

E, naquela época, tornou-se extremamente difícil ser médico, porque... Eu me lembro de um dia em que havia 12 pais com seus filhos na sala de espera para pleitear a oportunidade de salvação que poderia ser oferecida a *uma* criança. Fazíamos diálise naquela época, mas não contávamos com equipamentos suficientes, e os médicos tinham de escolher apenas uma das 12 crianças para fazer diálise. Qual delas mais merecia viver? Era um terrível pesadelo!

Então começaram a surgir os transplantes de fígado e os transplantes de coração, e começou-se até mesmo a falar sobre transplantes de cérebro. Paralelamente a isso, começaram a despontar os processos legais, pois o nosso materialismo chegou a tal ponto que as pessoas processavam umas às outras, pois a questão do prolongamento da vida criou muitos problemas difíceis. Nós também podemos ser processados ou por tentar tirar prematuramente um órgão de uma pessoa quando a família declara que ela ainda está viva, ou quando esperamos demais e talvez com frequência prolonguemos a vida desnecessariamente.

As companhias de seguro de vida também contribuíram para esse problema, pois, em um acidente familiar, às vezes é de importância vital saber qual foi o membro da família que morreu primeiro, mesmo que seja apenas uma questão de minutos. Mais uma vez, a questão é dinheiro e quem serão os beneficiários.

Desnecessário dizer que todas essas questões me teriam afetado muito pouco não fossem minhas próprias experiências muito subjetivas à beira do leito de meus pacientes terminais. Sendo uma pessoa não muito crente e céptica, para falar de uma maneira suave, e não interessada nas questões da vida após a morte, não pude evitar de ficar impressionada com algumas observações que ocorriam tão frequentemente que comecei a ponderar por que ninguém jamais havia estudado as *verdadeiras* questões da morte – não por quaisquer razões científicas especiais, não para resguardar os processos legais, mas simplesmente por pura curiosidade natural.

Certo dia, quando vários processos estavam sendo movidos contra o hospital, tive uma discussão com o belo ministro negro com quem iniciei os antigos seminários Sobre a Morte e o Morrer, na Universidade de Chicago. Eu gostava dele com ternura e com ele havia tido essa simbiose superideal. Nesse dia, ele filosofava comigo sobre o que poderíamos fazer para trazer a medicina de volta ao que era antes. Eu era uma médica suíça interiorana e antiquada e, por isso, tinha muitos ideais sobre a minha profissão. Então, concluímos que o verdadeiro problema era que não temos uma definição da morte.

O homem existe há 47 milhões de anos e está em sua presente existência, que inclui a faceta da divindade, há sete milhões de anos. Todos os dias morrem pessoas no mundo todo, e nem mesmo em uma sociedade que é capaz de mandar o homem à lua e trazê-lo de volta são e salvo, jamais alguém se dedicou a estudar uma definição atualizada e total da morte humana. Isso não é peculiar?

Nós temos definições, mas todas elas incluem exceções, como esta, por exemplo: se uma pessoa ingeriu barbitúricos ou se está com a temperatura muito baixa, ela pode apresentar um eletroencefalograma isoelétrico (morte cerebral) e ainda ser trazida de volta a uma vida normal, sem lesão cerebral. E qualquer definição que tenha exceções não é obviamente a definição final. E assim, no meu entusiasmo juvenil, eu disse a esse ministro: "Vou prometer a Deus viver o bastante para encontrar uma definição da morte." Era uma fantasia muito ingênua, infantil, pensar que, se tivéssemos uma definição da morte, os processos legais desapareceriam e poderíamos voltar a ser curadores e médicos.

E, como sempre tive muitos problemas com outros ministros que falam muito e não acredito naquilo que dizem e eles mesmos não fazem, desafiei esse, dizendo-lhe: "Vocês estão sempre lá em cima no púlpito pregando: 'Peçam e receberão.' Vou lhe pedir agora: ajude-me a pesquisar sobre a morte."

A EXPERIÊNCIA DE QUASE-MORTE

Em algum lugar se diz: "Peça e receberá. Bata e a porta se abrirá." Ou, em uma linguagem diferente: "O mestre vai aparecer quando o aluno estiver pronto." Isso se comprovou muito verdadeiro. Uma semana depois de termos levantado essa importante questão e firmado o compromisso de encontrar uma resposta para ela, fomos procurados por enfermeiras que compartilharam conosco a experiência de uma mulher, Sra. Schwartz, que estivera 15 vezes na UTI.

A cada vez esperava-se que essa mulher fosse morrer, e a cada vez ela conseguia sair da UTI e viver mais algumas semanas ou meses. Ela foi, como poderíamos dizer agora, nosso primeiro caso de experiência de quase-morte.

Isso ocorreu simultaneamente à minha crescente sensibilidade e observação de outros fenômenos inexplicados nos momentos em que meus próprios pacientes estavam muito próximos da morte. Muitos deles começavam a ter "alucinações" com a presença de entes queridos com os quais aparentemente tinham alguma forma de comunicação, mas que eu, pessoalmente, não conseguia ver nem ouvir. Eu também estava muito consciente de que mesmo os pacientes mais irascíveis e mais difíceis, pouco antes de morrer, começavam a relaxar profundamente, tinham uma sensação de serenidade à sua volta e começavam a ficar sem dor, apesar de, por vezes, terem o corpo cheio de metástases, corroído pelo câncer. Além disso, no momento após a morte, seu rosto expressava uma incrível sensação de paz, tranquilidade e serenidade que eu não conseguia entender, pois muito frequentemente tratava-se de morte que havia ocorrido durante uma fase de raiva, barganha ou depressão.

Minha terceira observação, talvez a mais subjetiva, foi o fato de que eu sempre estive muito próxima de meus pacientes, permitindo-me ficar profunda e afetivamente envolvida com eles. Eles afetavam a minha vida, e eu afetava a vida deles de uma maneira muito íntima, significativa. Entretanto, minutos após a morte de um paciente, eu já não tinha mais nenhum sentimento em relação a ele e, muitas vezes, ponderei se havia algo de errado comigo. Quando olhava para o corpo, ele me parecia semelhante a um casaco de inverno, deixado de lado com a chegada da primavera, não mais necessário. Tinha esta incrível e clara imagem de uma concha, e meu amado paciente não estava mais ali.

Descobrimos ser possível pesquisar a vida após a morte. Essa descoberta foi, para mim, uma experiência extremamente comovente, e vou apenas resumir o que aprendemos nestes muitos e muitos anos estudando este fenômeno que é chamado – por enquanto – de experiência de quase-morte.

Nosso sonho era coletarmos vinte casos. Temos atualmente vinte mil casos. Nunca os publicamos, e estou contente por nunca tê-lo feito, porque o que descobrimos quando começamos a buscar os casos foi que havia muitas pessoas dispostas a compartilhar conosco suas histórias, mas sempre começavam o seu relato, dizendo: "Doutora Ross, vou lhe contar uma coisa se a senhora prometer não contá-la a mais ninguém." Eles eram quase paranoicos sobre isso. Porque, quando acabavam de ter tido essa gloriosa experiência, que para eles era muito sagrada, muito privada, e as contavam a outras pessoas, estas lhes davam um tapinha nas costas e diziam: "Bem, você estava cheio de remédios"; ou: "É muito normal as pessoas terem alucinações em momentos como este."

Também recebiam rótulos psiquiátricos que, é claro, os deixavam muito zangados ou deprimidos. Sempre precisamos rotular as coisas que não entendemos. Há tantas coisas que ainda não sabemos! Mas isso não significa que elas não existam.

Coletamos esses casos não somente nos Estados Unidos, mas também na Austrália e no Canadá; o paciente mais moço é um menino de dois anos de idade, e o mais velho um homem de 97. Temos homens e mulheres de diferentes origens culturais e religiosas, incluindo esquimós, havaianos nativos, aborígenes da Austrália, hindus, budistas, protestantes, católicos, judeus e várias outras pessoas sem nenhuma identificação religiosa, incluindo algumas que se diziam agnósticas ou ateias. Era importante para nós coletar dados da maior variedade possível de pessoas, de diferentes origens religiosas e culturais, pois queríamos estar muito certos não somente de que o nosso material não estava contaminado, mas de que se tratava de uma experiência singularmente *humana* que nada tinha a ver com condicionamento prévio, religioso ou outro qualquer.

Também é relevante o fato de que elas tiveram essas experiências após um acidente, tentativa de assassinato, tentativa de suicídio ou uma lenta morte prolongada. Mais da metade dos casos foram experiências de morte repentina. Nesses casos, os pacientes não puderam se preparar para uma experiência ou prevê-la.

Qualquer um entre vocês que esteja pronto para escutar a verdade não terá de olhar muito longe para deparar-se com seus próprios casos. Se as crianças perceberem sua motivação, vão compartilhar espontaneamente o seu conhecimento. Mas, se vocês estiverem prontos para ser negativos, elas captarão isso muito depressa e não lhes contarão nada. Não estou exagerando quando lhes digo: Se conseguirem se livrar da sua própria negatividade, tudo se abrirá para vocês; os pacientes vão perceber isso e vão partilhar com vocês. E vocês descobrirão que eles lhes proporcionarão todo o conhecimento de que necessitam, que estão prontos para receber – mas não mais. Sabem, alguns de vocês estão cursando o ensino médio, e outros apenas o ensino fundamental. Vocês sempre obterão aquilo de que necessitam, mas nem sempre obterão o que querem. Essa é uma lei universal.

∞

Dizemos que você não é realmente você... a maneira como se olha no espelho e a maneira como se preocupa, todos os dias, de estar gordo demais ou de ter peitos achatados ou quadris muito amplos ou de estar com muitas rugas. Isso é *totalmente* irrelevante. Você é bonito porque você é você, porque você é único. Existem bilhões de pessoas e não há duas pessoas iguais. Nem mesmo trigêmeos idênticos. E eu sou uma trigêmea idêntica. *[Ela dá uma risadinha.]*

Em memória das crianças que morreram em Auschwitz e em Maidanek, estamos usando o modelo do casulo e da borboleta. Dizemos que uma pessoa é como o casulo de uma borboleta. O casulo é o que ela vê no espelho. É apenas uma morada temporária do seu *eu* real. Quando esse casulo fica irrecuperavelmente danificado, a pessoa morre, e o que acontece é que o casulo, constituído de energia física, vai – simbolicamente falando – libertar a borboleta.

A experiência subjetiva da morte é sempre a mesma, quer a destruição do casulo aconteça por homicídio, suicídio, morte repentina, quer por morte lenta e prolongada. A causa da morte não altera a experiência subjetiva do momento da morte. A parte imortal da pessoa vai se desprender do seu invólucro físico. O que é enterrado ou cremado não é a pessoa – é apenas o casulo. É muito importante entender isso. Quando trabalhamos com crianças pequenas, nós lhes mostramos como isso acontece. Nesse momento, a pessoa estará muito bonita. Muito mais bonita do que se enxerga agora. Ela estará perfeita. Mutilações como mastectomias e amputações não vão acompanhá-la na morte. O corpo que ela tem agora não é mais criado por energia física, mas por energia psíquica.

OS DENOMINADORES COMUNS

Vamos compartilhar com vocês os três denominadores comuns que descobrimos.

Quando deixamos o corpo físico, haverá uma total ausência de pânico, medo ou ansiedade. Teremos uma percepção total. A percepção é mais elevada do que a consciência, porque inclui tudo o que está acontecendo no ambiente em que o nosso corpo físico é deixado: o que as pessoas que estão nas proximidades do nosso corpo pensam, o tipo de desculpas que usam para mentir para si mesmas e coisas semelhantes.

Experimentaremos sempre uma integridade física. Teremos uma percepção total do ambiente em que o acidente ou a morte ocorre, seja em um quarto de hospital, no nosso próprio quarto após um ataque cardíaco, seja na cena de um acidente de carro ou de um desastre de avião. Teremos sempre uma completa percepção das pessoas que trabalham na equipe de ressuscitação ou na equipe de resgate, tentando desprender o corpo de um carro destruído. Observaremos isso à distância de alguns metros, em estado mental desligado, se for possível usar a palavra "mente", embora, em muitos casos, nesse momento já não estejamos mais conectados com a mente ou com um cérebro em atividade. Isso tudo ocorre em um momento em que os testes de ondas cerebrais não dão sinais de atividade cerebral e, muito frequentemente, no momento em que os médicos não encontram mais qualquer sinal de vida.

Nosso segundo corpo, que experimentamos nesse momento, não é um corpo físico, mas um corpo etéreo; falaremos mais adiante sobre as diferenças entre a energia física, psíquica e espiritual que criam essas formas.

É compreensível que muitos de nossos pacientes que foram ressuscitados com sucesso nem sempre se sintam agradecidos quando sua borboleta é espremida de volta no casulo, pois, com o restabelecimento das funções corporais, também têm que aceitar as dores e as sequelas que o acompanham.

No estado do corpo etéreo, não temos dores nem mutilações. Muitos de meus colegas ponderam se isso não é simplesmente uma projeção do desejo, o que seria muito inteligível e compreensível. Se uma pessoa ficou paralisada, muda, cega ou aleijada durante muitos anos, ela pode estar ansiando por um momento em que o sofrimento termine. Mas é muito fácil avaliar se isso é ou não uma projeção do desejo.

Em primeiro lugar, metade dos nossos casos têm sido acidentes repentinos, inesperados, ou experiências de quase-morte em que as pessoas eram incapazes de prever o que iria atingi-las, como no caso de um acidente de trânsito que amputou as pernas de um dos nossos pacientes. Quando ele estava fora do seu corpo físico, viu suas pernas amputadas na estrada e, ao mesmo tempo, encontrava-se plenamente consciente de ter as duas pernas em seu corpo etéreo, perfeito e completo. Não podemos presumir, portanto, que ele tivesse conhecimento prévio da perda das pernas e, por isso, houvesse projetado, em sua própria imaginação, que era capaz de andar de novo.

Em segundo lugar, há também uma maneira muito mais simples de estabelecer a projeção do desejo: pedir para pessoas cegas, que não têm sequer a percepção da luz, para compartilhar conosco como foi a sua experiência de quase-morte. Se fosse apenas a realização de um sonho, essas pessoas não conseguiriam dar detalhes precisos do que as cercava.

Questionamos várias pessoas totalmente cegas que conseguiram compartilhar conosco a sua experiência de quase-morte, e elas puderam não só nos dizer quem primeiro entrou no quarto, quem trabalhou na ressuscitação, mas também conseguiram dar detalhes minuciosos das roupas de todas as pessoas presentes, algo que uma pessoa totalmente cega, vítima de uma fantasia, jamais seria capaz de fazer.

Vocês precisam entender que essa não é a ressurreição descrita no ensino cristão. O corpo que temos durante uma experiência de quase-morte é uma forma muito temporária, criada pela energia psíquica para nos ajudar a tornar a experiência da morte um reencontro agradável, e não uma experiência apavorante, ameaçadora e terrível.

Depois de passarmos por algo que simboliza uma transição – isso é culturalmente determinado e pode ser um portal, uma ponte ou um túnel –, começamos a enxergar uma luz. É uma luz que está além de qualquer descrição. É mais branca do que o branco, mais luminosa do que a luz, e, quando nos aproximamos dela, ficamos totalmente envolvidos pelo amor incondicional. Se tivéssemos algum dia experimentado isso, jamais poderíamos de novo temer a morte. A morte não é assustadora. O problema é o que fazemos da vida.

As pessoas que viram essa luz tiveram, por um momento, *todo* o conhecimento. Infelizmente, se tiveram que voltar – é uma experiência de *quase*-morte –, elas se esquecem de grande parte disso. Mas aquilo de que muitas se lembram é, creio eu, a única coisa da qual devemos ter consciência, ou seja, que toda a nossa vida é responsabilidade absolutamente nossa e que não podemos criticar, culpar, julgar e odiar. Nós, apenas nós, somos responsáveis pela soma total da nossa vida física. Essa percepção muda muitas de nossas prioridades.

Diante dessa incrível luz, que as pessoas chamam de Cristo, Deus, Amor ou Luz, dependendo de onde elas vieram, seremos responsáveis por tudo o que fizemos. E então entenderemos quão frequentemente não fizemos a escolha certa e como sofremos as consequências de nossas escolhas. Aí saberemos que a única coisa que absolutamente importa é o amor. Tudo o mais – nossas realizações, diplomas, o dinheiro que ganhamos, quantos casacos de pele tivemos – é totalmente irrelevante. Ficará também muito claro que *o que* fazemos não é importante. A única coisa que importa é *como* fazemos o que fazemos. E a única coisa que importa é fazermos o que fazemos com amor.

Nesse amor total, incondicional, teremos que rever não somente cada ato da nossa vida, mas também todo pensamento e toda palavra de toda a nossa existência. E teremos todo o conhecimento. Isso significa que saberemos como cada pensamento, palavra, ato e escolha da nossa vida toda afetaram as outras pessoas. Nossa vida não é literalmente nada senão uma escola onde somos testados, onde somos colocados numa britadeira. E depende de *nossa* escolha, e de ninguém mais, se vamos sair dela despedaçados ou polidos.

∞

Podemos coletar milhares de casos de experiências de quase-morte – se julgamos necessário. Mas percebemos claramente que não é necessário fazê-lo. Porque aqueles que querem acreditar, acreditarão; aqueles que querem saber, descobrirão – se assim o desejarem; e aqueles que não estiverem prontos para isso... se tivermos 150 mil casos, eles surgirão com 150 mil racionalizações. E isso é problema deles.

O que preciso dizer antes de terminar é que o primeiro livro de Moody, *Vida depois da vida*, o único que é correto, ajuda, mas não lhes dirá o que significa a morte, porque essas são todas experiências de *quase*-morte.

Depois que deixamos o nosso corpo físico, que é energia *física*, criamos um corpo secundário, perfeito – ou seja, sem cegueira, sem amputações, sem mastectomias, sem defeitos –, com energia *psíquica*, que é criado pelo homem e manipulado pelo homem, por nossa mente.

Quando estamos permanentemente mortos – se podemos usar essa linguagem horrível – irreversivelmente mortos, assumimos uma forma diferente, que é a forma que temos antes do nascimento e depois da morte. E é assim que, na linguagem de Moody, atravessaremos o túnel que nos leva à luz. Essa luz é pura energia *espiritual*. A energia espiritual é a única forma de energia deste universo que não pode ser manipulada pelo homem.

∞

Aqueles de vocês que pesquisam este campo, que estudam a consciência mais elevada, ou que querem entender mais sobre o esquema intrincado da vida, têm de aprender duas coisas essenciais. A primeira é a diferença entre o *real* e a *realidade*. E a segunda são as diferenças entre energia física, psíquica e espiritual. Porque vocês vão ler artigos de cientistas que partilham com vocês a existência de Satã e do inferno, e a ocorrência de pesadelos terríveis, apavorantes e muito reais, dos quais padecem especialmente os pacientes cardíacos atemorizados. Esses pesadelos são *reais*, mas não são a *realidade*. São projeções dos próprios medos da pessoa e são muito reais, mas não a realidade.

Como já mencionei, a energia psíquica é criação do homem. Destina-se a ser um dom, e é responsabilidade sua transformar esse dom em pesadelos e coisas feias e negativas, ou em bênçãos. Usem sua energia psíquica para aprender a curar, não a usem para destruir.

A morte pelo vodu é um exemplo clássico do uso da energia física para matar aqueles que temem essa maldição. Eu posso mata qualquer pessoa, se assim o decidir, utilizando a energia psíquica, com a morte pelo vodu, se a pessoa o temer. Por outro lado, se todos vocês me amaldiçoassem com sua própria energia psíquica, que é muito poderosa, toda a energia psíquica presente nesta sala não poderia me atingir, pois eu não tenho medo de vodu. Negatividade só pode se alimentar de negatividade. Eduquem seus filhos sem medo e culpa e ajudem-nos a se livrar do Hitler que existe dentro deles, para poderem, em seu lugar, criar Madres Teresas.

Se vocês forem novamente honestos e se tornarem como as crianças, vão perceber que tudo o que é necessário é olhar honestamente para si mesmos e para sua própria negatividade. Se tiverem a coragem de se livrar dessa negatividade, vão se tornar inteiros e aprender o amor incondicional e a disciplina. À medida que exercitarem e aprenderem isso, vão se tornar capazes de ensiná-lo e transmiti-lo para seus filhos.

Acho que Richard Allen disse isso de maneira muito bonita quando resumiu não a própria vida, mas a vida de seu pai. O pai era, para ele, um exemplo de homem que começou muito negativamente e lutou para se livrar da própria negatividade e de sua atitude julgadora, tornando-se um ser humano de amor total e incondicional, capaz de transmitir isso para seus filhos e para os filhos de seus filhos. No fim da vida, Richard escreveu este poema sobre o significado da existência:

Quando amar, dê a esse amor tudo o que você conquistou.
E, quando tiver atingido o seu limite, dê-lhe mais
   e esqueça o sofrimento do amor.
Porque, quando você enfrentar a morte,
a única coisa que importará

será o amor que você deu e recebeu,
e todo o resto
– as realizações, a luta, as brigas –
será esquecido na sua reflexão.
E se você amou bem,
então tudo terá valido a pena.
E a alegria desse amor vai permanecer em você até o fim.
Mas, se isso não aconteceu,
a morte sempre chegará cedo demais
e será muito terrível enfrentá-la.

Gostaria de terminar com uma oração que é muito "interdenominacional" porque foi escrita por índios americanos para nos mostrar que somos todos irmãos e irmãs. Trata-se de um poema escrito centenas de anos atrás. É tão verdadeiro hoje quanto o será daqui a milhares de anos:

Deixa-me andar na beleza
e faz meus olhos notarem sempre
o pôr do sol vermelho e púrpura.
Faz minhas mãos respeitarem as coisas que fizeste,
e meus ouvidos se aguçarem para ouvir tua voz.
Faz-me sábio para que eu possa entender
as coisas que ensinaste ao meu povo.
Deixa-me aprender as lições que ocultaste
em cada folha e em cada pedra.
Eu busco a força
não para ser maior que o meu irmão,
mas para combater meu maior inimigo:
eu mesmo.
Torna-me sempre pronto a me aproximar de ti

com mãos limpas e olhos honestos.
Assim, quando a vida se desvanecer
como um sol se pondo,
possa meu espírito chegar a ti sem acanhamento.

Obrigada.

VIDA, MORTE E VIDA APÓS A MORTE

Estou compartilhando com vocês algumas experiências que tivemos e descobertas que fizemos durante a última década, desde que começamos a estudar seriamente toda a questão da morte e da vida após a morte. Depois de trabalhar com pacientes durante muito tempo, tornou-se evidente que, apesar da nossa existência há tantos milhões de anos como seres humanos, ainda não chegamos a um entendimento claro da questão talvez a mais importante, ou seja, a definição, o significado e o propósito da vida e da morte.

Queria compartilhar com vocês parte desta pesquisa sobre a morte e sobre a vida após a morte. Acho que chegou o momento em que todos nós estamos tentando colocar estes achados em uma linguagem que possa ajudar as pessoas a compreender e também, quem sabe?, a lidar com a morte de um ente querido, especialmente no caso de uma ocorrência trágica de morte repentina, quando não entendemos bem por que essas tragédias têm de acontecer conosco. Isso é também muito importante quando se tenta aconselhar e ajudar pacientes terminais e suas famílias; um questionamento ocorre repetidamente: O que é a vida? O que é a morte? E por que crianças, especialmente as pequenas, têm de morrer?

Não publicamos nenhuma de nossas pesquisas, e isso por várias razões. Há décadas estudamos experiências de quase-morte, mas estávamos plenamente conscientes de que se tratava apenas de experiências de *quase*-morte, e o que tínhamos seriam meias verdades até que também soubéssemos o que acontece com as pessoas depois que elas fazem a transição. A única coisa que a Shanti Nilaya publicou até agora foi uma carta que escrevi e ilustrei em resposta a Dougy, um menino de nove anos de idade que tinha câncer, morava no sul dos Estados Unidos e me escreveu fazendo uma pergunta muito comovente: "O que é a vida e o que é a morte, e por que crianças pequenas têm de morrer?" Eu escrevi uma pequena carta em linguagem simples, ilustrei-a e lhe enviei. Mais tarde, ele nos deu permissão para publicá-la, e agora *The Dougy Letter* foi editada pela Shanti Nilaya e está disponível para ajudar outras crianças pequenas a entender essa questão tão importante.

∞

Muito tempo atrás, as pessoas estavam em contato maior com a questão da morte e acreditavam no céu e na vida após a morte. Talvez somente nos últimos cem anos um número cada vez menor de pessoas de fato saiba que existe vida após a morte do nosso corpo físico. Não cabe neste momento analisar e mostrar por que isso aconteceu. Mas agora são outros os tempos, e espero que tenhamos feito a transição de uma era de ciência, tecnologia e materialismo para uma nova era de genuína e autêntica espiritualidade. Isso realmente não significa religiosidade, mas espiritualidade – uma consciência de que há algo bem maior do que nós, algo que criou este universo, algo que criou a vida; uma consciência de que somos uma parte autêntica, importante e significativa disso e podemos contribuir para a sua evolução.

Todos nós, quando nascemos da fonte, de Deus, fomos dotados com esta faceta de divindade, o que significa, em um sentido muito literal, que temos uma parte dessa fonte dentro de nós. Tal fato nos dá o conhecimento da nossa imortalidade. Muitas pessoas estão começando a tomar consciência de que o corpo físico é apenas a casa, ou o templo, ou – como o chamamos – o casulo, que herdamos para um determinado número de meses, ou anos, até fazermos a transição chamada morte. Então, no momento da morte, deixamos este casulo e ficamos novamente livres como borboletas – para empregar a linguagem simbólica que usamos quando conversamos com crianças que estão à beira da morte e com seus irmãos.

SRA. SCHWARTZ

Um dos meus pacientes me ajudou a descobrir como iniciar a pesquisa para discernir o que é realmente a morte e, juntamente com ela, a questão da vida após a morte. A Sra. Schwartz entrou e saiu 15 vezes da UTI. A cada vez, esperava-se que ela não sobrevivesse, e a cada vez ela conseguiu voltar. Seu marido era um esquizofrênico comprovado e, toda vez que tinha um episódio psicótico, tentava matar o mais moço de seus muitos filhos, o caçula. Este filho ainda não havia atingido a maioridade e era o único que ainda morava com os pais. A paciente tinha a convicção de que, se ela morresse prematuramente, seu marido perderia o controle e a vida de seu filho caçula estaria em perigo. Com a ajuda da Little Aid Society, conseguimos que ela transferisse a custódia desse filho para alguns parentes. Ela deixou o hospital com uma grande sensação de alívio e tendo adquirido uma nova liberdade, por saber que, se não conseguisse viver o bastante, pelo menos seu filho caçula estaria a salvo.

Certa ocasião, quando seu estado se tornou crítico, não conseguiu chegar até Chicago, onde morava, e por isso foi internada de emergência em um hospital em Indiana. Ela se lembra de ter sido instalada em um quarto particular. De repente, percebeu que estava à beira da morte, mas não conseguia decidir se devia ou não chamar a enfermeira. Uma parte dela queria muito se recostar naqueles travesseiros e, finalmente, ficar em paz. Mas a outra parte precisava resistir um pouco mais, porque seu filho caçula ainda não havia atingido a maioridade. Antes de tomar a decisão de pedir ajuda e passar por todo esse processo uma vez mais, uma enfermeira aparentemente entrou em seu quarto, deu uma olhada nela e saiu correndo. Nesse exato momento, ela se viu lenta e serenamente flutuando fora do corpo físico e pairando alguns centímetros acima da cama. Demonstrou inclusive um grande senso de humor ao relatar que seu corpo parecia pálido e com um aspecto desagradável. Experimentou admiração e surpresa, mas não medo ou ansiedade.

Então, observou a equipe de ressuscitação entrar no quarto e conseguiu enumerar com riqueza de detalhes quem entrou primeiro e quem entrou por último. Ela estava totalmente consciente não somente de cada palavra que eles trocavam, mas também de seus padrões de pensamento. Chegou a repetir uma piada que um dos residentes, que aparentemente estava muito apreensivo, começou a contar. Ela só tinha uma grande necessidade, isto é, dizer-lhes que relaxassem, que fossem com calma, que ela estava bem. Mas, quanto mais desesperadamente tentava lhes transmitir isso, mais freneticamente eles pareciam trabalhar em seu corpo, até que conseguiu compreender claramente que ela podia vê-los, mas eles não podiam percebê-la. A Sra. Schwartz então decidiu desistir de suas tentativas e, segundo as próprias palavras, "perdeu a consciência". Foi declarada morta após 45 minutos de tentativas de ressuscitação malsucedidas. Três horas e meia mais tarde, tornou a mostrar sinais de vida, para grande surpresa dos funcionários do hospital. Viveu mais um ano e meio.

Quando a Sra. Schwartz compartilhou essa história comigo e com minha classe em nosso seminário, foi uma experiência totalmente nova para mim. Eu nunca tinha ouvido falar de experiências de quase-morte, apesar do fato de ser médica por muitos anos. Meus alunos ficaram chocados por eu não ter considerado isso uma alucinação, uma ilusão ou uma sensação de despersonalização. Eles tinham uma necessidade desesperada de lhe dar um rótulo, algo com o qual pudessem se identificar e depois deixar de lado para não ter mais que lidar com ele.

Tínhamos a certeza de que a experiência da Sra. Schwartz não podia ser uma ocorrência isolada, única. Nossa esperança era conseguirmos encontrar mais casos como esse e, quem sabe?, chegarmos a coletar dados para ver se a experiência pela qual essa paciente passou era comum, rara ou muito singular. A experiência de quase-morte agora se tornou conhecida no mundo todo. Muitos pesquisadores, médicos, psicólogos e pessoas que estudam fenômenos parapsicológicos coletaram casos como esse, e nos últimos dez anos mais de vinte mil casos foram coletados em todo o mundo.

É importante entender que, das muitas pessoas que têm paradas cardíacas ou que são ressuscitadas, apenas uma entre dez tem uma lembrança consciente de uma experiência durante essa parada temporária do funcionamento vital.* Isso é muito compreensível se o compararmos com o fato de que todos sonhamos toda noite, mas apenas uma pequena porcentagem de nós se lembra dos sonhos depois que acorda.

---

* Uma pesquisa científica realizada por Michael B. Sabom, *Recollections of Death* [Lembranças da morte], publicada em 1982, demonstra que quase 50% das pessoas que chegam perto da morte têm uma experiência de quase-morte.

Pode ser mais simples resumir o que todas essas pessoas experimentam no momento da parada da atividade físico-corporal. Chamamos a isso simplesmente de experiência de quase-morte, pois todos esses pacientes conseguiram voltar e contar sua experiência depois que se recuperaram. Mais adiante, falaremos sobre o que acontece com aquelas pessoas que não voltam.

NÃO SE PODE MORRER SOZINHO

Além da ausência de sofrimento e da experiência de integralidade física em um corpo simulado, perfeito, que podemos chamar de corpo etéreo, as pessoas também estarão conscientes de que é impossível morrer sozinho. Há três razões por que uma pessoa não poder morrer sozinha. (E isso também inclui uma pessoa que morre de sede em um deserto, a centenas de quilômetros de outro ser humano, ou um astronauta que perde o rumo e fica navegando em círculos no universo até morrer por falta de oxigênio.)

Os pacientes que estão lentamente se preparando para a morte, como é com frequência o caso de crianças que têm câncer, antes de morrer começam a tomar consciência de que conseguem deixar seu corpo físico e ter o que chamamos de experiência "extracorpórea". Todos nós temos essas experiências extracorpóreas durante alguns estágios do sono, embora poucos de nós tenhamos consciência disso.

As crianças à beira da morte, que estão muito mais sintonizadas, tornam-se muito mais espirituais do que as crianças saudáveis da mesma idade. Elas se tornam conscientes dessas breves viagens extracorpóreas, o que as ajuda não apenas em sua transição, mas também a se familiarizarem com o local onde estão no processo da partida.

É durante essas viagens extracorpóreas que os pacientes terminais tomam consciência da presença dos seres que os cercam, guiam e ajudam. Essa é a principal razão por que não se pode morrer sozinho. As crianças pequenas frequentemente se referem a eles como seus amiguinhos. As igrejas os têm chamado de anjos da guarda. A maioria dos pesquisadores vai chamá-los de guias. Não importa o rótulo que lhes damos. O fundamental é sabermos que, desde o momento do nosso nascimento, que se inicia com a primeira respiração, até o momento em que fazemos a transição e terminamos esta existência física, estamos na presença desses guias ou anjos da guarda que estarão à nossa espera e nos ajudarão na transição da vida para a vida após a morte.

A segunda razão por que não podemos morrer sozinhos é que sempre seremos recebidos por aqueles que nos precederam na morte e a quem amamos – um filho que perdemos, talvez décadas antes, uma avó, o pai, a mãe ou outras pessoas que foram importantes em nossa vida.

As californianas têm muito medo disso, porque muitas delas tiveram sete maridos e ficam imaginando qual deles estará lá. *[Risos.]* Elas não têm de se preocupar com isso, porque, após a morte, não há mais negatividade. A negatividade é apenas uma criação do homem.

A terceira razão de não podermos morrer sozinhos é o fato de que, quando deixarmos nosso corpo físico, mesmo temporariamente antes da morte, estaremos em uma existência em que não há tempo nem espaço. E nessa existência poderemos estar onde quisermos, na velocidade do nosso pensamento. Um jovem que morre no Vietnã e pensa em sua mãe que está em Chicago, estará em Chicago na velocidade do seu pensamento. Se você morre nas montanhas Rochosas em uma avalanche, e sua família mora em... – *[dirige-se à plateia]* onde estamos agora? *[Risos.]* – Virginia Beach! *[Risos.]* Você estará em Virginia Beach na velocidade do seu pensamento.

SUSIE

A pequena Susie, que está morrendo de leucemia em um hospital, pode ser assistida durante semanas e semanas por sua mãe, e torna-se muito claro para a criança que está à beira da morte que está ficando cada vez mais difícil para ela deixar sua mãe. A mãe, inclinada sobre a grade lateral da cama, implícita ou explicitamente lhe comunica: "Querida, não morra. Não vou conseguir viver sem você." É muito difícil morrer nessas condições.

Assim, o que nós, pais, estamos fazendo a esses pacientes é deixar – de certa forma – que se sintam culpados por estarem morrendo. É claro que isso é muito compreensível.

Mas Susie tornou-se cada vez mais sintonizada com a vida total, com a percepção da sua existência após a morte e com a plena consciência da continuação da vida. Durante a noite e durante um estado de consciência alterado, ela saiu do seu corpo e se tornou consciente da sua capacidade de viajar e, literalmente, voar para qualquer lugar aonde queira ir. Quando sente que a morte está iminente, simplesmente pedirá à mãe que saia do hospital. Ela pode dizer: "Mamãe, você parece tão cansada. Por que não vai até em casa, toma um banho e descansa um pouco? Eu estou bem agora." A mãe sai, e, meia hora depois, uma enfermeira pode telefonar do hospital, dizendo: "Sinto muito, senhora Smith, mas sua filha acabou de falecer."

Infelizmente, esses pais com frequência vivem com um enorme sentimento de culpa e vergonha e vão se censurar por não terem ficado lá. Mais algumas horas apenas e eles estariam lá com seu filho no momento da morte.

O que não sabem é que isso não aconteceu por coincidência. É muito mais fácil para a criança partir se ninguém estiver ali fazendo com que ela se sinta culpada por abandoná-lo.

E raramente os pais percebem e entendem que ninguém pode morrer sozinho. Susie, agora aliviada das próprias necessidades, consegue sair do casulo e se libertar muito rapidamente. Então, ela estará, na velocidade do seu pensamento, com sua mãe ou com seu pai, ou com quem quiser estar.

∞

Como já mencionamos anteriormente, todos nós temos uma faceta de divindade. Recebemos este dom milhões de anos atrás, e ele inclui a capacidade de livre escolha e também aquela de deixarmos nosso corpo físico não somente na hora da morte, mas também em momentos de crise, de exaustão ou de circunstâncias muito extraordinárias e, igualmente, em um certo tipo de sono. É importante sabermos que é possível isso acontecer ainda antes da morte.

Victor Frankl, que escreveu o belo livro *Em busca de sentido*, sobre suas experiências nos campos de concentração, foi provavelmente um de nossos mais conhecidos cientistas que se dedicou à questão da experiência extracorpórea muitas décadas atrás, quando ela ainda não era conhecida do público. Ele estudou pessoas que, na Europa, haviam caído de montanhas e que, durante a queda, haviam efetuado uma revisão de vida. Observou como muitas dessas experiências lhes passaram pela mente naquele brevíssimo período – talvez alguns poucos segundos –, durante a queda de uma montanha alta, e percebeu que, durante essa experiência extracorpórea, o tempo possivelmente não existe. Muitas pessoas tiveram experiências similares quando quase se afogaram, ou em um momento da vida em que correram um grande perigo.

Nosso estudo foi comprovado por pesquisa laboratorial, com a colaboração de Robert Monroe, que escreveu os livros *Viagens fora do corpo* e *Far Journeys* [Viagens distantes]. Eu mesma tenho tido não apenas experiências extracorpóreas, mas também aquelas induzidas em um laboratório supervisionado por Monroe e assistidas, observadas e compartilhadas por vários cientistas da Fundação Menninger, em Topeka. Atualmente, um número cada vez maior de cientistas e pesquisadores estão repetindo esses estudos que, conforme descobriram, são totalmente comprováveis e naturalmente se prestam a muitos aspectos de investigações sobre uma dimensão que é muito difícil de conceber dentro da abordagem tridimensional, científica, da vida.

Também temos sido questionados sobre guias, anjos da guarda e sobre a presença de seres humanos queridos, especialmente membros falecidos da nossa família, que nos precederam na morte, vêm ao nosso encontro e nos recebem no momento da nossa própria transição. Mais uma vez, surge naturalmente a questão: Como se podem verificar essas ocorrências frequentes de uma maneira mais científica?

CRIANÇAS QUE VEEM PARENTES MORTOS

Para mim, como psiquiatra, é interessante saber que milhares de pessoas no mundo todo compartilham as mesmas alucinações antes da morte, isto é, a percepção de alguns parentes ou amigos que os precederam na morte. Deve haver alguma explicação para esse fato, caso não seja real. Então, resolvi tentar descobrir recursos e maneiras de estudar e comprovar isso. Ou, quem sabe?, comprovar que se trata simplesmente de uma projeção do desejo. Talvez a melhor maneira de estudar o assunto seja sentarmo-nos ao lado de crianças que estão à beira da morte após acidentes sofridos pela família. Em geral, procedemos assim depois de feriados e fins de semana, quando as pessoas saem juntas de carro e, muito frequentemente, sofrem acidentes que causam a morte de vários membros da família, além de deixar muitos feridos que são enviados para diferentes hospitais.

Assumi como tarefa pessoal ficar ao lado de crianças em estado crítico, pois elas são a minha especialidade. Como em geral acontece, não lhes dizem que membros da sua família morreram no mesmo acidente. Sempre me impressionou o fato de elas invariavelmente saberem quem as precedeu na morte!

Sento-me ao lado desses pacientes, observo-os em silêncio, às vezes seguro-lhes a mão, noto sua inquietação, e depois, em geral pouco antes da morte, uma aura de serenidade paira sobre eles. Esse é sempre um sinal agourento. E é nesse momento que me comunico com eles. Não lhes dou nenhuma sugestão. Simplesmente pergunto se querem e podem compartilhar comigo a experiência que estão tendo. E é em termos muito semelhantes que o fazem. Como me disse uma criança: "Tudo está bem agora. Mamãe e Peter já estão me esperando."* Nesse caso em particular, eu estava ciente de que a mãe havia morrido imediatamente no local do acidente. Mas também sabia que Peter havia ido para uma unidade de queimados em um outro hospital e que, pelo que me constava, ainda estava vivo. Não pensei mais no assunto, mas, quando saí da UTI e passei pelo posto de enfermagem, recebi um telefonema do hospital onde Peter estava. A enfermeira do outro lado da linha disse: "Doutora Ross, nós só queríamos lhe avisar que Peter morreu dez minutos atrás." O único erro que cometi foi responder: "Sim, eu sei."

A enfermeira pode ter achado que eu era meio maluca.

Em 13 anos estudando crianças em estado terminal, nunca encontrei uma criança que cometesse um único erro ao identificar –

---

* O relato desse caso e de outros a seguir está descrito com mais detalhes no livro de Elisabeth Kübler-Ross, *On Children and Death*, cap. 13: "Spiritual Aspects of the Work with Dying Children".

dessa maneira – parentes que as precederam na morte. Gostaria de ver estatísticas a esse respeito.

A MULHER ÍNDIA

Houve outra experiência que talvez me tenha comovido ainda mais: o caso de uma índia americana. Ela me contou que sua irmã havia sido morta, a centenas de quilômetros da reserva, por um motorista imprudente. Outro carro parou e seu motorista tentou ajudá-la. A mulher, que estava morrendo, pediu ao estranho que fizesse o favor de dizer à sua mãe que ela estava bem, já que contava com a presença do pai. Morreu após ter dito isso. O pai da paciente havia morrido uma hora antes desse acidente, na reserva, a 450 quilômetros de distância e, certamente, sem saber que sua filha estava viajando.

∞

Uma de nossas pacientes ficou cega devido a uma explosão em um laboratório e, no momento em que saiu do corpo físico, conseguiu enxergar novamente e descrever todo o acidente e as pessoas que irromperam no laboratório. Quando foi trazida de volta à vida, estava de novo totalmente cega.

Vocês entendem porque muitas dessas pessoas se ressentem de nossas tentativas de trazê-las de volta artificialmente, quando estão em um lugar muito mais fantástico, mais bonito e mais perfeito?

∞

Também tivemos o caso de uma criança, uma menina de 12 anos de idade, que não queria contar para sua mãe a bela experiência que havia tido quando foi declarada morta, porque mãe alguma gosta de ouvir que seu filho encontrou um lugar melhor do que sua casa, o que é muito compreensível. Mas ela vivenciou algo tão singular que precisava desesperadamente compartilhá-la com alguém. Um dia, confidenciou-a a seu pai. Contou-lhe que fora do corpo havia tido uma experiência tão bonita que não queria voltar. O que a tornara muito especial, além de toda a atmosfera e do amor e da luz fantásticos que a maioria das pessoas relata, foi que seu irmão estava ali com ela e a abraçou com grande ternura, amor e compaixão. Depois de lhe contar isso, ela disse ao pai: "O único problema é que eu não tenho irmão." O pai então confessou que ela na verdade havia tido um irmão que morrera, creio eu, três meses antes de ela nascer. Eles nunca lhe haviam falado dele.

Vocês entendem porque estou trazendo exemplos como esses? Porque muitas pessoas dizem: "Bem, você sabe, eles não estavam mortos, e no momento da sua morte naturalmente pensam nos entes queridos, por isso os visualizam." No entanto ninguém pode visualizar um irmão de cuja existência nunca soube.

∞

E temos muitos outros casos como esse, em que as pessoas imersas no processo da morte não foram informadas ou não tomaram conhecimento da morte de um parente, mas foram recebidas por ele.

Pergunto a todas as minhas crianças em fase terminal quem elas mais gostariam de ver, quem elas adorariam ter ao seu lado sempre (referindo-me a aqui e agora, porque muitas delas são pessoas descrentes, com as quais eu não poderia falar sobre a vida após a morte. Não imponho isso aos meus pacientes). Assim, pergunto sempre às minhas crianças: "Se você pudesse escolher uma pessoa que ficasse sempre com você, quem você escolheria?" Noventa por cento delas, exceto as crianças negras, dizem mamãe ou papai. (No caso das crianças negras, muito frequentemente são indicadas as tias ou as avós, porque estas talvez as amem mais ou passem mais tempo com elas. Mas trata-se apenas de diferença cultural.) A maioria diz mamãe ou papai, mas nenhuma das crianças que esteve próxima da morte jamais viu a mamãe ou o papai, a menos que eles a houvessem precedido na morte.

Muitas pessoas afirmam: "Bem, essa é uma projeção do desejo. Uma pessoa à beira da morte está desesperada, solitária, amedrontada, e por isso imagina alguém que ama." Se isso fosse verdade, 90% de todas as minhas crianças em estado terminal, muitas com cinco, seis, sete anos de idade, teriam visto sua mamãe ou seu papai.

O denominador comum entre as pessoas que são vistas é que sua morte deve ter ocorrido antes da visão, ainda que apenas com um minuto de antecedência, e deve ter existido um laço de amor verdadeiro entre elas.

O VAGABUNDO

Há também o caso de um homem que perdeu toda a sua família em um acidente de carro no qual todos morreram queimados. Devido a essa perda terrível, ele se transformou de marido e pai de classe média, bom provedor e decente, em um vagabundo completo, que ficava bêbado de manhã à noite, todos os dias, e usava todas as drogas imagináveis para cometer suicídio, mas nunca conseguia atingir seu objetivo.

Sua última lembrança era de estar deitado à beira de uma floresta, em uma estrada suja, bêbado e "petrificado", como ele descreveu, querendo se reunir à família, sem vontade de viver e sem energia nem sequer para sair do lugar, quando viu um grande caminhão descendo a estrada e literalmente avançando em sua direção. Naquele momento, ele se viu na rua, gravemente ferido, enquanto observava toda a cena do acidente, alguns metros acima dela, segundo suas próprias palavras.

Foi naquele instante que sua família apareceu diante dele, envolvida em uma luz brilhante, com um incrível sentimento de amor e sorrisos felizes na face, simplesmente tornando-o consciente da sua presença, sem se comunicar de maneira verbal, mas na forma de uma transmissão de pensamento, compartilhando com ele a alegria e a felicidade que experimentavam em sua nova existência.

Esse homem não conseguiu nos dizer quanto tempo durou o encontro, mas ficou tão admirado com a saúde deles, com sua beleza e felicidade, com sua total aceitação da situação em que ele se encontrava atualmente, com o amor incondicional que eles demonstravam, que jurou não tocá-los, não se unir a eles, mas reentrar em seu corpo físico e prometer que compartilharia com o mundo o que havia experimentado – como uma redenção pelos dois anos que passara tentando jogar fora sua vida física.

Foi depois desse juramento que ele observou como o motorista do caminhão carregou seu corpo ferido para dentro do veículo, como uma ambulância chegou voando ao local do acidente, como ele foi levado para o pronto-socorro do hospital e amarrado em uma maca. E foi lá que, finalmente, reentrou em seu corpo físico, livrou-se das correias que o amarravam e saiu do pronto-socorro sem nenhum *delirium tremens* ou qualquer sequela do seu pesado abuso de drogas e álcool. Sentiu-se curado e firmou um compromisso de que não morreria até ter tido a oportunidade de relatar a experiência da existência da vida após a morte com o maior número de pessoas que estivesse disposto a ouvi-lo.

Não sabemos o que aconteceu com esse homem desde então. Mas jamais esquecerei o brilho dos seus olhos, a alegria e a profunda gratidão que experimentou quando lhe foi permitido subir ao palco em um dos meus *workshops* e compartilhar, com um grupo de centenas de funcionários de um abrigo de doentes terminais, o total conhecimento e consciência de que o nosso corpo físico é apenas uma casca que envolve o nosso ser imortal.

PETER

As únicas diferenças religiosas entre pessoas de origens religiosas diversas é a presença de alguns personagens religiosos. E Peter, de dois anos de idade, talvez seja o nosso melhor exemplo. Ele teve uma reação alérgica anafilática a uma droga que lhe foi ministrada por um médico, no consultório, e foi declarado morto. Enquanto o médico e a mãe esperavam a chegada do pai, a mãe tocava desesperadamente o filhinho, chorava, soluçava e suplicava que ele não morresse. Depois do que lhe pareceu uma eternidade, seu filho de dois anos de idade abriu os olhos e disse, com a voz de um homem velho e sábio: "Mamãe, eu estava morto. Estava num lugar maravilhoso e não queria voltar. Estava com Jesus e Maria." Maria lhe disse que ainda não havia chegado a sua hora, por isso ele tinha que voltar. Ele tentou ignorá-la, o que é muito característico das crianças de dois anos, e, quando tentou fazer isso, ao que parece Maria gentilmente o tomou pelo pulso e o empurrou, dizendo: "Peter, você *tem* de voltar. Terá que salvar sua mãe do fogo." Foi nesse momento que Peter abriu os olhos e disse com uma voz feliz: "Sabe, mamãe, quando ela me disse isso, eu voltei correndo para casa."

A mãe não conseguiu relatar esse incidente por 13 anos e ficou muito deprimida porque interpretara mal a declaração que Maria fizera a Peter. Ela interpretou que seu filho havia dito que era ele que tinha de salvá-la do fogo do inferno. E não conseguia entender por que deveria ser condenada a ir para o inferno se era uma mulher de fé, muito decente e trabalhadora.

Eu tentei convencê-la de que ela não havia entendido a linguagem simbólica e de que aquele era um presente único e belo de Maria, que, como todos os seres do reino espiritual, é um ser de amor total e incondicional, incapaz de condenar ou criticar, atributos exclusivos dos seres humanos. Pedi-lhe por um momento que parasse de pensar e simplesmente permitisse que seu próprio quadrante intuitivo espiritual respondesse. Perguntei-lhe então:

– O que teria acontecido se Maria não lhe tivesse enviado Peter de volta 13 anos atrás?

Ela agarrou seu cabelo e gritou:

– Ó meu Deus, eu teria enfrentado o fogo do inferno.

Já não era mais necessário que eu lhe dissesse: "Agora você entende que Maria a salvou do fogo?"

CORRY

Este é um dos meus preferidos entre os pacientes à beira da morte, um menino de cinco anos de idade, de Seattle. Estava morrendo lentamente, e isso não é fácil. Previa-se agora que ele talvez tivesse mais uma semana de vida. De vez em quando, ele me chamava quando tinha alguma dúvida ou alguma tarefa a ser concluída.

Nos últimos meses, teve experiências ocasionais de quase-morte. Ele era muito velho e muito sábio, e só tinha cinco anos de idade. Não tinha medo de morrer. Contava a todas as crianças no hospital o que é morrer, em detalhes minuciosos.

A última experiência de quase-morte que ele me enviou foi este desenho. Não sei se conseguem enxergá-lo daí... *[Ergue o desenho para a plateia poder enxergá-lo.]*

No quadrante superior esquerdo, que sempre revela o conceito da morte, está um castelo muito colorido. Quando ele voltou a si, disse à mãe: "Este é Deus, este é seu castelo com uma estrela sorrindo, dançando." A estrela lhe dizia: "Bem-vindo de volta ao lar, Corry!" Essa foi a sua experiência.

Depois ele me pediu que lhes mostrasse este desenho, porque, como se vê, aqui aparece um arco-íris. "Este não é apenas um arco-íris; é, na verdade, vista de lado, a ponte que liga esta vida à próxima vida." Então, eu o mostrei a vocês e mantive a minha promessa, certo?

Depois que ele teve essa experiência de quase-morte, ficou novamente preocupado por alguns minutos e me chamou de novo, dizendo que realmente precisava saber se o seu cachorro, Quasar, estaria lá esperando por ele. Quasar havia morrido duas semanas antes.

Não aprendemos na faculdade de medicina como responder a esse tipo de pergunta. Então, eu lhe disse: "Sabe, tudo o que eu sei é que nem sempre podemos ter o que queremos, mas sempre recebemos aquilo de que realmente *precisamos*. Assim, se realmente precisa disso, tudo o que tem a fazer é pedir, e então talvez Quasar esteja lá esperando você."

Depois da sua segunda experiência de quase-morte, ele me telefonou muito excitado e disse: "Elisabeth, Elisabeth! Quasar não apenas estava lá, mas até sacudiu o rabo!"

O TÚNEL E A LUZ

As Escrituras estão repletas de linguagem simbólica, e se as pessoas ficassem mais atentas ao seu quadrante intuitivo, espiritual, e não contaminassem o entendimento dessas belas mensagens com sua própria negatividade, medos, culpa e necessidades de punir os outros ou a si mesmos, começariam a compreender a bela linguagem simbólica usada pelos pacientes terminais quando tentam nos comunicar suas necessidades, conhecimento e percepção.

Desnecessário dizer que seria improvável que uma criança judia visse Jesus. Uma criança protestante provavelmente não veria Maria. Não que eles não se importem com essas crianças, mas simplesmente porque sempre obtemos aquilo de que mais precisamos. Aqueles que encontramos são os que mais amamos e nos precederam na morte.

Depois que nos encontramos com aqueles que amamos e com nossos próprios guias e anjos da guarda, passamos por uma transição simbólica, frequentemente descrita na forma de um túnel, de um rio ou de um portal. Cada um vai escolher o que lhe é mais simbolicamente apropriado. Na minha própria experiência pessoal, era naturalmente uma passagem em uma montanha, com muitas flores silvestres, simplesmente porque o meu conceito de céu inclui montanhas e flores silvestres, fonte de muita felicidade em minha infância na Suíça. Isso é culturalmente determinado.

Depois que passamos por essa forma de transição visualmente muito bonita e individualmente apropriada, chamada de túnel, aproximamo-nos de uma fonte de luz que muitos de nossos pacientes descrevem e que eu mesma vivenciei na forma de uma experiência transformadora da vida, incrivelmente bela e inesquecível, chamada consciência cósmica.

Na presença dessa luz, que a maior parte das pessoas no nosso hemisfério ocidental chama de Cristo, Deus, Amor ou Luz, somos cercados por um amor, por um entendimento e por uma compaixão totais, absolutos e incondicionais. Estamos na presença dessa luz, que é uma fonte de energia espiritual pura, não mais energia física ou psíquica. É uma energia no reino da existência onde a negatividade é impossível. E isso significa que, não importa quanto fomos maus em nossa vida, ou quanto nos sintamos culpados, não conseguimos experimentar nenhuma emoção negativa. É totalmente impossível ser condenado diante dessa presença que muitas pessoas chamam de Cristo ou de Deus, pois é um ser constituído de amor incondicional, total e absoluto.

A REVISÃO DE VIDA

Diante dessa presença, tomamos consciência do nosso potencial – do que *poderíamos* ter sido, do que *poderíamos* ter vivido. É também diante dessa presença, cercados de compaixão, amor e compreensão, que somos solicitados a rever e avaliar toda a nossa existência. Como não estamos mais ligados a uma mente ou a um cérebro físico ou a um corpo físico limitante, temos todo o conhecimento e toda a compreensão. É nessa existência que temos de rever e avaliar todo pensamento, palavra e ato da nossa existência. E estaremos simultaneamente conscientes de como tudo isso afetou as outras pessoas.

Diante da presença dessa energia espiritual, não temos mais necessidade de uma forma física. E então deixamos para trás o corpo etéreo, simulado, e reassumimos novamente a forma que tínhamos antes de nascer, a forma que teremos na eternidade e a forma que teremos quando nos fundirmos com a Fonte, com Deus, quando tivermos cumprido nosso destino.

É importante entendermos que, desde o momento do início da nossa existência até retornarmos a Deus, sempre manteremos a própria identidade e o próprio padrão de energia. Isso significa que, entre os bilhões de pessoas que existem neste universo, neste plano físico e no mundo não obstruído, não há dois padrões de energia iguais, duas pessoas iguais, nem mesmo gêmeos idênticos.

Se alguém duvida da grandeza do nosso Criador, deve considerar a genialidade requerida para criar bilhões de padrões de energia, nenhum igual ao outro. Essa é a singularidade do ser humano. E eu poderia comparar esse milagre com apenas uma coisa: o número de flocos de neve no planeta Terra.

Recebi a enorme graça de poder ver com meus próprios olhos físicos a presença de centenas desses padrões de energia em plena luz do dia. Assemelha-se muito a uma série de diferentes flocos de neve flutuando e pulsando, todos com suas luzes e cores diferentes e com suas diferentes formas e configurações. É com isso que parecemos depois da morte. É também como existimos antes de nascer. Não ocupamos espaço e não precisamos de tempo para ir de uma estrela a outra, ou do planeta Terra a outra galáxia. E esses padrões de energia, esses seres, estão conosco bem aqui; se tivéssemos olhos para enxergá-los, saberíamos que nunca estamos sozinhos. Estamos cercados por esses seres que nos guiam, amam, protegem e tentam nos direcionar para nos ajudar a permanecer nos trilhos que devemos seguir para cumprir o próprio destino.

Talvez, em momentos de grande sofrimento, tristeza ou solidão, consigamos nos sintonizar com eles e tomar consciência dessas presenças. Podemos nos comunicar com eles à noite, antes de dormir, e pedir-lhes que nos façam notar suas presenças. Podemos lhes fazer perguntas antes de dormir e pedir que nos deem as respostas em nossos sonhos. Aqueles que conseguem entrar em sintonia com eles no sono ou nos sonhos percebem que muitas de nossas perguntas são respondidas nesse estado. E quando ficamos mais sintonizados com a nossa própria entidade *interior*, com a própria parte espiritual interior, é muito compreensível que possamos conseguir ajuda e orientação também da nossa *própria* entidade interior, do nosso próprio ser onisciente, daquela parte imortal a que chamamos borboleta.

A VISITA DA SRA. SCHWARTZ

Ainda não terminei de lhes contar a história da Sra. Schwartz. Quero acrescentar que ela morreu duas semanas depois que seu filho atingiu a maioridade e foi enterrada. Tendo sido uma entre os meus muitos pacientes, tenho certeza de que a teria esquecido se ela não me tivesse visitado novamente.

Cerca de dez meses após sua morte, eu estava passando por dificuldades. Estou sempre enfrentando-as, mas naquela ocasião elas eram maiores que o habitual. Meu seminário sobre a morte e o morrer começou a esfriar. O ministro com quem eu havia trabalhado e de quem gostava tanto havia partido. O novo ministro estava muito interessado na publicidade, e o curso foi reconhecido.

Toda semana tinha que falar sobre as mesmas coisas, e mais parecia um famoso programa da moda. Não valia a pena. Era como prolongar a vida quando não vale mais a pena viver. Era algo com que não me identificava, e concluí que a única maneira de interromper isso era abandonando fisicamente a Universidade de Chicago. Naturalmente, fiquei com o coração partido, porque na verdade gostava daquele trabalho, mas não realizado daquela maneira. Então tomei uma decisão heroica. Disse a mim mesma: "Vou deixar a Universidade de Chicago, e hoje, assim que terminar meu seminário sobre a morte e o morrer, anunciarei isso."

O ministro e eu tínhamos um ritual: depois do seminário, íamos juntos até o elevador, esperávamos sua chegada enquanto terminávamos nossa conversa a respeito do trabalho. Então ele ia embora, e eu voltava para a minha sala, que ficava no mesmo andar, no fim de um longo corredor.

O maior problema do ministro era o fato de ele não conseguir ouvir – essa era outra das minhas mágoas. E assim, entre a sala de aula e o elevador, três vezes tentei lhe dizer que agora ficava tudo por sua conta, pois eu estava indo embora. Continuava falando de outra coisa. Fiquei muito furiosa – e nessa situação me torno muito ativa. Antes de o elevador chegar – ele era um sujeito enorme –, finalmente o agarrei pelo colarinho e disse: "O senhor vai me escutar. Tomei uma decisão extremamente importante e quero que saiba qual é."

Realmente me senti uma heroína por ser capaz de fazer aquilo. Ele não disse nada.

Naquele momento, uma mulher apareceu diante do elevador. Olhei fixamente para ela. Não consigo lhes dizer como era essa mulher; vocês podem imaginar que foi como olhar para uma pessoa que conhecemos muito bem, mas de repente não conseguimos saber quem é. Perguntei para ele: "Deus, quem é essa mulher? Eu a conheço, e ela está olhando para mim; está esperando você entrar no elevador para depois sair." Fiquei tão preocupada com quem ela era que me esqueci de que estava tentando agarrá-lo. Ela impediu isso. Era muito transparente, mas não o suficiente para que se pudesse enxergar muita coisa através dela. Perguntei novamente ao ministro quem era ela, e ele não me disse; então, deixei-o de lado. A última coisa que lhe disse foi algo como: "Heck, vou atrás dela para lhe dizer que não consigo me lembrar do seu nome." Foi meu último pensamento antes de ele ir embora.

No momento em que ele entrou no elevador, a mulher se encaminhou diretamente na minha direção e disse: "Doutora Ross, eu tinha que voltar. A senhora se importa se eu acompanhá-la até sua sala? Só vou tomar dois minutos do seu tempo." Foi algo mais ou menos assim. E como ela sabia o meu nome e onde era a minha sala, fiquei quase que a salvo; não precisava admitir que não sabia de quem se tratava.

Aquele foi o percurso mais longo que já fiz em toda a minha vida. Sou psiquiatra. Trabalho o tempo todo com pacientes esquizofrênicos e os amo. Durante suas alucinações visuais, dizia-lhes mil vezes: "Sei que você está vendo essa Nossa Senhora na parede, mas eu não a vejo." Disse a mim mesma: "Elisabeth, sei que você está vendo essa mulher, mas isso não pode estar acontecendo."

Vocês entendem o que estou fazendo? Durante todo o percurso do elevador até minha sala, eu testava a realidade em mim. Pensei: "Estou cansada, preciso tirar férias. Acho que tenho atendido um número grande demais de pacientes esquizofrênicos. Estou começando a ver coisas. Tenho de tocá-la para ver se ela é real." Cheguei a tocar-lhe a pele para ver se era fria ou quente, ou se desapareceria quando a tocasse. Foi a caminhada mais incrível que já fiz, mas o tempo todo sem saber por que estava fazendo o que fazia. Eu era ao mesmo tempo uma psiquiatra atenta e uma paciente. Era ambas as coisas ao mesmo tempo. Não sabia por que o fazia, ou quem eu achava que ela era. Cheguei a reprimir o pensamento de que ela pudesse ser realmente a Sra. Schwartz que havia morrido e sido enterrada alguns meses antes.

Quando chegamos à porta da minha sala, ela a abriu como se eu fosse uma convidada na minha própria casa. Ela a abriu com enorme e incrível bondade, ternura e amor e disse: "Doutora Ross, eu tinha que voltar por duas razões. Uma é para agradecer à senhora e ao reverendo Gaines. (Ele era aquele belo ministro negro com quem eu tivera uma simbiose superideal.) Agradecer à senhora e a ele pelo que fizeram por mim. Mas a verdadeira razão por que eu precisava voltar é que a senhora não pode parar o seu trabalho sobre a morte e sobre o morrer. Não ainda."

Olhei para ela e não sei se pensei, então, que poderia ser a Sra. Schwartz. Quero dizer, essa mulher havia sido enterrada dez meses antes, e eu não acreditava nesse tipo de coisa. Finalmente, cheguei à minha mesa. Toquei na minha caneta, na minha mesa e na minha cadeira, as quais eram reais, esperando que ela desaparecesse. Mas não desapareceu; continuava ali, dizendo-me, obstinada, mas amorosamente: "Doutora Ross, a senhora está me escutando? Seu trabalho não está terminado. Nós vamos ajudá-la, e a senhora saberá quando chegar a hora de encerrá-lo, mas prometa que não vai parar agora."

Eu pensei: "Meu Deus, ninguém jamais acreditaria em mim se eu contasse isso, nem mesmo o meu maior amigo." Na época não imaginava que iria contar isso a centenas de pessoas. Então, a cientista que existe em mim venceu, e contei-lhe algo que era na verdade uma enorme e rematada mentira: "A senhora sabe, o reverendo Gaines agora está em Urbana."

Até aí era verdade; ele havia assumido uma igreja lá. Mas depois continuei: "Ele adoraria receber um bilhete da senhora. A senhora se importaria de escrevê-lo?"

E lhe dei uma folha de papel e um lápis. Vocês entendem, eu não tinha a menor intenção de mandar aquele bilhete para o meu amigo, mas precisava de uma prova científica. Ou seja, alguém que está enterrado não pode escrever cartinhas de amor. E aquela mulher, com o mais humano – não, não humano –, com o mais adorável dos sorrisos, ciente de cada um de meus pensamentos – e eu saberia que se tratava de transmissão de pensamento, se já tivesse experimentado isso –, pegou aquele papel e escreveu este bilhete que, naturalmente, emolduramos e guardamos como uma joia preciosa. A seguir, indagou, mas sem palavras: "Está satisfeita agora?"

Olhei para ela e pensei: "Jamais poderei contar o que me aconteceu a ninguém, mas realmente vou guardar isto." Então, ela se levantou, pronta para ir embora, repetindo: "Doutora Ross, a senhora promete?", referindo-se ao pedido para não interromper ainda o meu trabalho. "Eu prometo", respondi. E, no exato momento em que disse "Eu prometo", ela foi embora.

Ainda temos o bilhete dela.

UMA DE MINHAS PRIMEIRAS EXPERIÊNCIAS MÍSTICAS

Vou lhes contar agora algumas de minhas próprias experiências místicas, que me ajudaram a realmente saber, mais do que acreditar, que todas essas existências além do reino do nosso conhecimento científico são verdadeiras, são uma realidade, são algo que está disponível a todos os seres humanos. Devo deixar muito claro que, na minha juventude, eu não tinha compreensão de uma consciência mais elevada. Jamais tive um guru. Na verdade, nunca fui realmente capaz de meditar, prática que representa uma fonte de grande paz e entendimento para muitas pessoas, não somente no hemisfério oriental, mas em um número cada vez maior de pessoas também do mundo ocidental. Por outro lado, é verdade que consigo ficar totalmente sintonizada quando me comunico com meus pacientes terminais. Mas talvez esses milhares de horas que tenho me sentado ao lado deles, quando nada nem ninguém consegue nos distrair, possam ser considerados uma forma de meditação. Se isso é verdade, então na verdade meditei durante muitas e muitas horas.

Mas realmente não acredito que seja importante ir ao topo de uma montanha, viver como um eremita, ir à Índia ou ter um guru para alcançar experiências místicas. Realmente acredito que todo ser humano é constituído de um quadrante físico, um emocional, um intelectual e um espiritual. E, se pudermos aprender a externar nossos sentimentos e emoções não naturais, nosso ódio e angústia, nossa tristeza não resolvida e oceanos de lágrimas não derramadas, então poderemos voltar ao que éramos antes: um ser humano, composto de quatro quadrantes, todos trabalhando juntos em total harmonia e integralidade.

Esses quatro quadrantes só podem trabalhar juntos, de forma harmônica, se aceitarmos e amarmos nossa corporalidade, se conseguirmos compartilhar nossas emoções naturais sem sermos mutilados por elas; se conseguirmos expressar a raiva natural; se conseguirmos sentir o ciúme natural que nos ajuda a tentar igualar com os talentos de outra pessoa; se conseguirmos entender que são somente dois os nossos medos naturais: o medo de cair e o medo de ruídos altos – e que todos os outros medos nos foram incutidos pelos adultos, os quais projetaram seus próprios medos em nós, transmitindo-os assim de geração a geração. E, o mais importante, esses quatro quadrantes podem trabalhar juntos, de forma harmônica, se aprendermos a amar e ser amados incondicionalmente.

A maioria de nós tem sido criada como prostituta: "Eu o amo *se...*" E esta palavra "se" tem arruinado e destruído mais vidas do que qualquer outra coisa no planeta Terra. Ela nos prostitui, faz com que achemos que podemos comprar o amor com bom comportamento ou boas notas e nos impede de desenvolvermos as noções de amor-próprio e autoestima.

Além disso, os quatro quadrantes só podem trabalhar de forma harmônica se tivermos sido ensinados por meio de uma disciplina consistente, amorosa, e não por meio da punição. Os mestres espirituais nos ensinam: Se você foi criado com amor incondicional e disciplina, jamais terá medo das tormentas da vida. Não terá nem medo nem culpa nem ansiedade – os únicos inimigos do homem.

Se protegêssemos os cânions contra as tormentas, jamais veríamos a beleza de seus entalhes.

E, assim, fui em frente, sem buscar um guru, sem tentar meditar ou atingir um estado de expansão de consciência. Mas cada vez que um paciente ou uma situação de vida me fazia consciente de alguma negatividade dentro de mim, eu tentava externá-la para poder finalmente atingir aquela harmonia entre os quadrantes físico, emocional, espiritual e intelectual. E, à medida que fazia a minha lição de casa e tentava me exercitar, continuava ensinando. Fui abençoada com muitas outras experiências místicas, o que significou entrar em contato com meu próprio eu intuitivo, espiritual e onisciente. Mas consegui também entrar em contato com a orientação que vem do mundo não obstruído que sempre nos cerca e espera uma ocasião, uma oportunidade, não apenas de nos transmitir conhecimento e orientação, mas também de nos ajudar a entender o que significa a vida e, especialmente, o próprio destino pessoal, para podermos cumpri-lo em nosso tempo de vida e não termos de retornar para aprender as lições nas quais não fomos aprovados nesta existência.

∞

Tive uma das minhas primeiras experiências durante um projeto de pesquisa onde me foi permitido vivenciar experiências extracorpóreas induzidas por meios iatrogênicos em um laboratório na Virginia, experiências estas observadas e assistidas por vários cientistas céticos.

Eu estava deitada em uma cama de água, numa espécie de cabina. Depois de algum tempo, encontrava-me suspensa abaixo do teto. Queria ver como o teto era construído, porque é possível penetrar em todos os tipos de matéria. Foi muito excitante. Mas fui acalmada e chamada de volta pelo chefe do laboratório, que achou que eu fui depressa demais, muito cedo. Para o meu espanto, ele de certa maneira interferiu em minhas próprias necessidades e em minha própria personalidade.

DIZER SIM...

Na vez seguinte em que fiquei na cabina, percebi que não podia confiar no chefe do laboratório. Ele era cuidadoso demais, e por isso eu estava determinada a contornar esse problema fazendo eu mesma uma autoindução para ir mais rápido que a velocidade da luz e além do ponto ao qual jamais poderia ter ido algum ser humano em uma experiência extracorpórea.

No momento em que a indução foi feita, literalmente saí do corpo com uma velocidade incrível. De repente, percebi que me movia horizontalmente e na direção errada; por isso, voltei noventa graus e parti verticalmente. Foi muito excitante! Ia o mais rápido e o mais longe possível para que ninguém pudesse me pegar. Sentia-me muito segura. Ninguém seria capaz de me encontrar. Estava literalmente em um lugar onde ninguém havia estado antes e, depois disso, não me lembro do que aconteceu comigo. Minha única lembrança, quando retornei ao corpo físico, foram as palavras *Shanti Nilaya*. Eu não tinha a menor ideia do significado ou da importância dessas palavras, nem do local aonde eu fora. Tinha consciência, sim, de que fora curada de uma quase completa obstrução intestinal e também de uma hérnia de disco muito dolorosa, que me impedia até de erguer um livro do chão. Ao sair dessa experiência, minha obstrução intestinal estava curada, e eu conseguia erguer do chão um saco de açúcar de cinquenta quilos sem qualquer desconforto ou dor. Disseram-me que eu tinha uma aparência radiante, que parecia vinte anos mais moça, e todos os presentes tentaram me pressionar em busca de informações. Eu nem imaginava onde havia estado até a noite seguinte à experiência, noite que passei sozinha em uma solitária casa de hóspedes em uma floresta nas montanhas Blue Ridge, quando, pouco a pouco, e não sem sobressaltos, me veio a consciência de que eu havia ido muito longe e agora tinha de aceitar as consequências das minhas escolhas.

Tentei combater o sono aquela noite, tendo uma noção vaga e interior de que *aquilo* iria acontecer, não sabendo o que *aquilo* significaria.

No momento em que me deixei levar, passei provavelmente pela experiência mais dolorosa e mais angustiante vivida por qualquer ser humano. Vivi literalmente os milhares de mortes dos milhares de pacientes que havia assistido até aquela data. Vivi todo o sangue, todo o sofrimento, a incrível agonia, as lágrimas e o isolamento – todo aspecto negativo da morte de cada paciente. E isso se repetiu milhares de vezes – cada vez de uma maneira diferente, mas sempre os mesmos sofrimentos.

Foi uma agonia física, espiritual, emocional e intelectual absoluta, acompanhada pela incapacidade de respirar, pela duplicação do meu corpo na dor física agonizante e pelo total conhecimento e consciência de que eu estava fora do alcance de qualquer ser humano e de que tinha de passar por aquilo de algum modo aquela noite.

Naquelas horas de agonia, tive apenas três momentos de alívio. Foi muito semelhante a quando se passa pelas dores do parto e, após cada dor, outra se segue imediatamente, sem um instante para respirar entre elas. Nos três breves momentos, quando pude recuperar o fôlego, aconteceram alguns eventos simbólicos importantes que só fui entender muito mais tarde. Durante o primeiro alívio, implorei por um ombro para me apoiar – e esperei que aparecesse o ombro esquerdo de um homem, sobre o qual pudesse descansar minha cabeça para suportar um pouco melhor aquela agonia. No mesmo instante em que pedi o ombro para me apoiar, uma voz profunda, carinhosa, compassiva e severa declarou simplesmente: "Você não o terá."

Depois de um interminável espaço de tempo, tive outro momento para recuperar o fôlego. Dessa vez, implorei por uma mão para segurar. E, de novo, esperei que surgisse, à direita da minha cama, uma mão à qual eu pudesse me agarrar para suportar melhor a agonia. E a mesma voz novamente se pronunciou: "Você não a terá."

A terceira e última vez em que consegui recuperar o fôlego, considerei pedir a ponta de um dedo. Naturalmente, não podemos nos agarrar à ponta de um dedo, mas isso pelo menos nos dá a consciência da presença de um ser humano. E, muito de acordo com a minha maneira de ser, afirmei: "Não. Se não posso ter uma simples mão, também não quero a ponta de um dedo." Essa foi a minha conclusão. Até eu mereço um mínimo absoluto, e o *meu* mínimo absoluto é uma mão. A ponta de um dedo não é o bastante.

Passei então por mais sofrimento e agonia e pensei: "Segurei a mão de tantos pacientes que estavam solitários, desesperados e à beira da morte. Por que não posso ter uma mão para segurar? Sou tão má assim? Sou um ser humano ruim?"

Então, pela primeira vez na minha vida, aquilo se tornou uma questão de fé. E a fé tinha algo a ver com um profundo conhecimento interior de que eu possuía força e coragem para suportar sozinha essa agonia. Mas também incluía a fé e o conhecimento de que jamais nos é dado mais do que podemos suportar.

De repente, tomei consciência de que tudo o que eu precisava era parar de lutar, de me rebelar, de ser guerreira, e passar da rebeldia para uma submissão simples, pacífica, positiva, para uma capacidade de simplesmente dizer sim àquilo. No momento em que o fiz, cessou a agonia. Minha respiração ficou mais fácil, minha dor física desapareceu, e isso no exato momento em que proferi a palavra *sim*, não verbalmente, mas em pensamento.

E, em vez dos milhares de mortes, passei por uma experiência de renascimento que está além de qualquer descrição humana. Ela teve início com uma vibração ou pulsação muito rápida da minha parede abdominal, que se espalhou por todo o meu corpo e depois para tudo o que meus olhos alcançavam. Olhei para a minha parede abdominal, e o que vi não era anatomicamente possível. (Observei isso cientificamente, enquanto estava passando por essa experiência. Era como se eu tivesse um segundo eu, observando-me assistir ao que estava acontecendo.)

Qualquer coisa que eu olhasse começava a vibrar: o teto, a parede, o chão, a mobília, a cama, a janela, o horizonte além da janela, as árvores – e, finalmente, as vibrações incluíram todo o planeta

Terra. Era como se ele estivesse em alta e veloz vibração. Toda molécula vibrava, e ao mesmo tempo, diante de mim, surgiu algo semelhante a um botão de flor de lótus, que se abriu em uma flor incrivelmente bela e colorida. Atrás da flor de lótus apareceu a luz sobre a qual meus pacientes tão frequentemente falavam. E, quando me aproximei da luz através da flor de lótus aberta, com o mundo vibrando rápida e profundamente, pouco a pouco, lentamente, fui absorvida por esse amor incrível, incondicional, por essa luz. E me tornei parte dela.

No momento da fusão com essa fonte de luz, todas as vibrações cessaram. Um silêncio profundo pairou sobre mim e mergulhei em um sono profundo, como um transe, do qual despertei sabendo que teria, rapidamente, que colocar um roupão, calçar minhas sandálias e descer a montanha, e que isso aconteceria no momento em que o sol surgisse atrás do horizonte.

Cerca de uma hora e meia mais tarde acordei, coloquei o roupão, calcei minhas sandálias, desci a colina e experimentei provavelmente o maior êxtase da existência que os seres humanos podem jamais experimentar neste plano físico. Sentia imenso amor e assombro por toda a vida que me cercava. Amava cada folha, cada nuvem, cada graminha, cada pequena criatura. Sentia a pulsação dos seixos no caminho e, literalmente, caminhei acima deles, comunicando-lhes: "Não posso pisar em vocês. Não posso feri-los."

Chegando à base da colina, tomei consciência de que não havia tocado o chão no caminho, mas não havia o que questionar sobre a validade da experiência. Era simplesmente a percepção de uma consciência cósmica da vida em cada coisa viva e de um amor que nunca, jamais, poderá ser descrito em palavras.

Levei vários dias para voltar à existência física com suas trivialidades de lavar pratos, cuidar da roupa e cozinhar para a família. Levei vários meses para conseguir verbalizar a minha experiência.

Relatei-a a um grupo muito especial, sensível e aberto, que me convidou para dar uma conferência sobre psicologia transpessoal em Berkeley, na Califórnia.

CONSCIÊNCIA CÓSMICA

Depois que relatei a minha experiência, deram-lhe um rótulo. Ela foi chamada de consciência cósmica. E, como sempre, tive de ir à biblioteca, encontrar um livro com o mesmo título, para aprender intelectualmente e entender o significado desse estado.

Também me disseram naquela ocasião que a expressão que me havia sido dada, enquanto era absorvida por aquela energia espiritual, era fonte de toda a luz – *Shanti Nilaya* –, que em sânscrito significa "o lar final da paz", o lar para onde todos nós voltamos depois de passarmos por todas as agonias, sofrimentos, tristezas, mágoas, e quando conseguimos nos livrar da dor e nos tornar o que fomos criados para ser: um ser dotado de harmonia entre os quadrantes físico, emocional, intelectual e espiritual; um ser que entende que o amor, o verdadeiro amor, não reivindica nem impõe condições. Se conseguirmos entender esse estado de amor, todos nós seremos inteiros e saudáveis e todos nós seremos capazes de cumprir o nosso destino em uma única vida na Terra.

Essa experiência tocou e mudou a minha vida de um modo muito difícil de ser traduzido em palavras. Mas acho que foi por causa dessa experiência que também entendi que, se algum dia quisesse compartilhar a minha percepção da vida após a morte, teria de literalmente passar por milhares de mortes, que a sociedade em que vivo tentaria me destruir e que a experiência – o conhecimento, a alegria, o amor, a sensação do que se seguiu à agonia e as recompensas – seria sempre bem maior que o sofrimento. Foi essa experiência singular durante aquela noite nas montanhas Blue Ridge que me possibilitou continuar a dar palestras, a fazer nossa pesquisa, apesar de toda a publicidade negativa e apesar de todas as pessoas que têm de projetar a própria negatividade em nós, porque para elas é inaceitável assumir a responsabilidade pela própria vida e pelas próprias negatividades.

Somente devido a essa compreensão e ao conhecimento de que tudo isso valerá a pena é que me foi proporcionada, provavelmente, a maior experiência da vida, ou seja, vivenciar o que meus pacientes passam no momento da morte, poder experimentar a presença física dos próprios guias sem ter de passar pela morte permanente.

∞

Em meados da década de 1970, fui convidada para um grupo ao qual informei que, no dia de nosso encontro, eu iria encontrar-me com meus próprios guias, mas que eu não acreditaria nesse milagre se ele não fosse testemunhado por 75 pessoas; que eu não acreditaria se ele não pudesse ser gravado; que eu não acreditaria se todas as pessoas presentes não o vissem com os próprios olhos.

Foi durante essa noite que, em uma sala escurecida, testemunhada e gravada por 75 pessoas de todas as condições sociais, de diferentes profissões e origens, tive outra experiência que a maioria de vocês só vai vivenciar no momento da morte.

Depois de alguns minutos, uma figura grande, com mais de dois metros de altura, apareceu diante de mim e começou a conversar comigo. Alguns minutos depois, meu próprio amigo chamado Salem apareceu diante de mim e não somente tocou minhas sandálias, mas também passou a mão em meus cabelos e segurou-me a mão. E experimentei o amor incondicional, a compaixão e o entendimento que em geral só percebemos no momento em que deixamos o corpo físico.

Foi nessa ocasião que nos disseram o que aquele trabalho significava e que deveríamos sair pelo mundo partilhando o fato de que todos nós contamos com essa orientação, todos somos amados além da compreensão, todos somos abençoados e guiados – se formos honestos e estivermos dispostos a encarar o Hitler que existe dentro de nós, a externá-lo e a tentar aprender o amor incondicional, a compaixão em vez do julgamento, a empatia em vez da piedade, e a compreender que esta vida em um corpo físico é um período muito curto de nossa existência total. É uma escola em que escolhemos nossas próprias prioridades, em que escolhemos os próprios mestres, em que todos nós temos que passar por testes, provas e tribulações. E, quando tivermos passado nos testes, poderemos nos graduar e voltar para o lar de onde todos viemos e onde todos nos reuniremos um dia.

A CURA NO NOSSO TEMPO

[Elisabeth não é a primeira conferencista neste seminário. Um homem a apresenta de uma forma um tanto solene: "Agradecemos às pessoas que organizaram este seminário trazerem até nós... uma das mais adoráveis e notáveis mulheres da nossa época. Essa mulher tem recebido muito amor. Essa mulher tem dado muito amor. Elisabeth Kübler-Ross, você é uma celebrante da vida e nos honra com sua presença. Obrigado."] [Aplausos.]

[Elisabeth inicia com alguma hesitação.]

Obrigada... Obrigada... Obrigada... É emocionante ver tantas pessoas... e ver como as pessoas estão prontas... para tantas coisas novas que virão. Não sei quantos de vocês acompanharam o que foi dito desde às oito horas... Eu não acompanhei! *[Risos surpresos.]*

Mas é assim que deve ser! Digo isso sem nenhuma conotação negativa. Estamos em uma época tão excitante, em que tantas coisas novas estão surgindo, que não creio que uma única pessoa entenda o que Olga está fazendo, o que Selma está fazendo, o que Elmer está fazendo – o que eu estou fazendo.

Muitas pessoas que não entendem o que estamos fazendo dizem que enlouquecemos, que somos psicóticos ou que perdemos o nosso senso da realidade, ou também nos dão alguns rótulos muito engraçados. Se vocês receberem esses rótulos *[silêncio surpreso e depois risos e aplausos calorosos]*, encarem-nos como uma bênção. Sou naturalmente psicótica *[risos]* o tempo todo – se vocês definirem a prova da realidade de uma maneira muito limitada, restringindo-se a perceber apenas as coisas que acontecem com todas as pessoas e que são percebidas por elas.

Há um belo cartaz na minha sala que diz: "Evite a crítica: não diga nada, não faça nada, não seja nada." Essa é uma escolha que as pessoas têm. Vocês não pertencem a esse grupo. Mas isso não as torna superiores – espero que também escutem isso. Porque uma criança que vai para o colegial não deveria bater em um irmão ou irmã que frequenta o jardim de infância.

Estamos começando a ver que a vida em sua forma física não passa, literalmente, de uma escola em que aprendemos, crescemos e temos que enfrentar muitos testes. E quanto mais avançados estivermos na evolução, mais difíceis serão os testes. Então também começaremos a entender que ninguém é mestre, ninguém é aluno; somos apenas aprendizes que se encontram em diferentes níveis.

Por que estou dizendo tudo isso? Quando escuto declarações [referência a uma conferência anterior] como: "O cérebro normal limita a nossa consciência", tudo o que posso declarar é: "Graças a Deus!" *[Silêncio surpreso.]* E acho que isso desperta em mim uma admiração ainda maior por Deus que, conhecendo tão bem os homens, criou-lhes um cérebro que os limita. Porque, se o cérebro não tivesse nenhuma limitação, jamais conseguiríamos abrigá-lo, não poderíamos tolerá-lo. É como se um homem, de repente, fosse capaz de ter um orgasmo durante 24 horas: quem lavaria os pratos? *[Gargalhadas e aplausos.]* Não consigo imaginar isso nem de brincadeira! *[Mais risos.]*

Ser humano, para mim, é um dom. Olho cada criancinha que está nascendo agora (fui visitada há pouco por um bebê de três semanas de idade), olho para cada bebê e exclamo: "Que milagre!" Pois, embora aqui, nesta cidade, estejam reunidos tantos cérebros (privilegiados), pergunto: Quantos de vocês poderiam recriar algo como este bebê, mesmo que tivessem cem bilhões de dólares? Ninguém poderia recriá-lo. Ninguém.

Estou vivendo a minha vida sem teorias sobre consciência elevada, mas tendo a cura dos seres humanos como realidade primordial. Entretanto, se eu não tivesse estado do outro lado, não poderia fazer o que estou fazendo. Nunca teria conseguido estar com crianças à beira da morte; com pais de crianças assassinadas; com a mãe que saiu para comprar um litro de leite e, ao voltar, encontrou seus três filhos mortos por um tiro na nuca; com um casal que perdeu todos os seus filhos com câncer em um período de seis meses; com um jovem médico que deu toda a assistência ao pai, vítima da doença de Huntington. O filho, que viu o pai ficar senil aos quarenta anos de idade, observou-o durante anos e anos, pensando: "Será que sou um dos 50% da família que também vai ter essa doença?" E, quando começou a desenvolver os sintomas, olhava para seus filhos na pré-escola sabendo que dali a três anos ele também estaria como o pai estivera alguns anos antes de morrer. E a única solução em que este homem consegue pensar é o suicídio.

Jamais poderia trabalhar 18 horas por dia, sete dias por semana, vendo angústia, agonia, dor e horror, se não conseguisse enxergar também o outro lado da moeda. E se as pessoas começassem a aprender o significado da vida, o significado até do sofrimento e das tragédias e o milagre incrível da vida humana, elas iriam abençoá-la todos os dias, e não apenas as alegrias e as perfeições, mas, especialmente, os períodos difíceis.

A MULHER PARALISADA

Algum tempo atrás, recebi um telefonema de uma jovem enfermeira que, por afeto, havia prometido à mãe levá-la para morrer em casa se algum dia ela ficasse em estado vegetativo, ou dependente de máquinas, porque, na definição delas, isso não seria viver. Prometeram uma à outra viver e amar de maneira total e plena enquanto estivessem no corpo físico. Perguntei-lhe por que ela me telefonou, e ela disse:

— Eu só queria lhe pedir um pequeno favor: que a senhora converse com minha mãe, porque hoje é o último dia em que ela vai conseguir falar.

Sua mãe havia contraído uma doença neurológica de progressão rápida e era possível perceber como a paralisia ia evoluindo dia a dia, a partir dos pés, e praticamente saber o dia em que ela não mais seria capaz de falar e, depois, de respirar. Nesse momento teria de escolher entre viver à custa de um respirador ou realmente morrer. Esse era o último dia em que ela conseguiria falar.

Achei que essa era uma solicitação muito simples, então concordei:

— Claro, coloque o fone no ouvido de sua mãe.

Ela assim fez, e a mãe tentou falar, mas eu não entendi absolutamente nada do que ela tentava dizer. Se se está diante da pessoa é mais fácil, mas pelo telefone era totalmente impossível. É muito importante sermos honestos; não devemos fingir que entendemos as crianças e os pacientes quando não os entendemos. Então eu disse à sua filha:

— Não sei sobre o que ela está falando, mas ela tem alguma tarefa inacabada muito importante que precisa compartilhar. Infelizmente, estou indo para a Europa. — E lhe perguntei, impulsivamente: — A que distância você mora?

— A quatro horas de onde a senhora está.

— Isso é péssimo – respondi. – Se fossem três horas, eu poderia conseguir ir e voltar em seis horas. Mas oito horas é impossível. Tenho de pegar um avião. – E então, como sou impulsiva, propus: – Mas acredito em milagres. Se preciso ver sua mãe, vou conseguir vê-la. Uma possibilidade é você colocá-la em uma van (ela estava paralisada até o pescoço), vir pela estrada na direção em que estou, eu sigo no sentido contrário e fazemos uma "consulta à beira da estrada". *[Risos.]* (Não conheço um nome melhor para esse tipo de atendimento, mas costumo fazê-lo o tempo todo. Contanto que você conheça bem a geografia da região, funciona.)

E aquela filha que, por acaso, era enfermeira, disse:

— Eu também acredito em milagres. A casa de minha mãe fica do outro lado de Los Angeles e, se eu a trouxer até aqui, a senhora conseguirá atendê-la e pegar seu avião para a Suíça.

Tudo o que eu precisava fazer era encontrar um amigo que não tivesse medo da polícia *[risos]* e realmente pudesse ir o mais rápido possível até Los Angeles. Entramos no carro e praticamente voamos até lá.

Entrei na casa daquela mulher. Vocês sabem como projetamos nossas próprias expectativas: esperava encontrar uma mulher de 55 anos de idade – que era a minha idade naquela época –, na cama, paralisada até o pescoço, deprimida, desgraçada e infeliz. E, quando entrei, vi que ela tinha o maior sorriso iluminando o rosto. Tentei conversar com ela e adivinhar o que estava tentando me dizer. Era o seguinte: queria me agradecer por possibilitar-lhe morrer em casa. Havia sido levada para casa por sua filha, e, se não tivesse ido a uma de minhas palestras, estaria agora em um respirador, o que não teria sido um pesadelo tão terrível, embora fosse muito desagradável. Mas então teria sido privada do maior presente que a vida lhe havia dado, que era a presença da sua netinha, nascida havia 12 semanas. Ela disse:

— Jamais teríamos podido ver uma à outra. Porque ainda há aquelas tabuletas no hospital: "Não é permitida a entrada de crianças".

Ela queria me agradecer. Pedi-lhe:

— Diga-me, para que eu possa passar adiante, como foi a noite em que você soube que na manhã seguinte não poderia mais mover os braços nem os dedos? Como foi isso? Alguns meses atrás, você podia andar pelo jardim, cuidar de tudo. — E agora ela estava literalmente morta até o pescoço.

E, de novo, em vez de exibir uma expressão triste e trágica, afundando-se em uma muito compreensível autopiedade, ela exibiu um sorriso ainda maior e disse (todas as suas comunicações eram feitas com a ajuda de um quadro de fala!):

— Tenho de lhe contar o que aconteceu. Porque, na manhã em que acordei e meus braços estavam paralisados, senti que tudo estava paralisado até o meu queixo. Minha filha percebeu a situação, entrou no meu quarto e, muito calmamente, colocou seu bebê de três meses em meus braços paralisados. Simplesmente a observei. De repente, a menininha levantou os dedos, as mãos e os braços e os descobriu. Eu disse a mim mesma: "Que bênção incrível! Tive esses movimentos durante 55 anos e agora posso passá-los para minha neta."

Então, ela começou a babar, e, como sou uma velha malvada, disse:

— Babando assim! Brrr! — E acrescentei: — Tenho certeza de que alguns meses atrás você não teria gostado que as visitas a vissem babando assim em todo lugar.

Ela riu e concordou:

— Você está certa. Alguns meses atrás eu não gostaria que ninguém me visse deste jeito. Mas sabe de uma coisa? Agora nós duas babamos e rimos juntas. *[Risos.]*

Em poucas palavras, é isso que estou tentando compartilhar com vocês: nós não valorizamos os dons que recebemos. Muito poucos de nós valorizamos o fato de podermos ir ao banheiro, de podermos andar, dançar, cantar, rir. Temos que esperar perdê-los para agradecer o que tínhamos no passado.

Se vocês atingissem uma consciência mais ampla, podem imaginar como seria trágico? Pois vocês não valorizariam aquilo que têm a não ser de relance, e ela apenas serviria para dar-lhes uma ideia do que poderiam usufruir o tempo todo se valorizassem aquilo que já possuem. Isso faz sentido?

É muito simples. Qualquer um e todos podem curar. Qualquer um e todos podem ter todos os graus de consciência mais ampla. E vocês não precisam fazer nada para isso, exceto apreciar o que têm e se livrar das coisas que os impedem de apreciar plenamente o que possuem. Vou lhes dizer claramente como fazer isso.

Não busquem gurus ou babas. Os mestres que vocês terão na vida são as pessoas mais improváveis do mundo. Quando comecei, na Universidade de Chicago, o trabalho sobre a morte e o morrer, eu era uma *persona non grata*. As pessoas me desprezavam e humilhavam publicamente porque eu era uma médica que tentava trabalhar com pacientes terminais. Foi muito difícil, muito doloroso, muito solitário e muito árduo *[com uma leve mágoa na voz]*. Eles me chamavam de... abutre. Parece que faz cem anos que isso aconteceu!

Quando estamos muito sozinhos, muito isolados e pisamos em campo minado, temos que ser cuidadosos e saber exatamente até onde podemos ir para evitar uma explosão. É, literalmente, uma questão de ser ou não ser. Se vamos excessivamente longe e cedo demais, perdemos tudo o que ganhamos. Isso também acontece quando tentamos compartilhar com outras pessoas experiências de expansão de consciência. Se não temos certeza, devemos ir devagar. E, se ainda não temos certeza, devemos ficar quietos. Porque isso significa que aqueles que estão nos ouvindo ainda não estão prontos para isso. Tudo bem!

Foi muito penoso. Eu não tinha ninguém para me ajudar. Estava em uma situação de vida muito difícil e precária, e só os pacientes me apoiavam. Eles me transmitiram a mensagem: "Você está no lugar certo. Vá em frente." Todo paciente ia como que me amparando até o próximo, e este até o seguinte. Durante aquela época muito vulnerável, tornei-me uma psiquiatra muito boa, porque estava hiperalerta em relação às pessoas em quem podia confiar e àquelas com quem devia ir muito devagar.

Naqueles dias, quando me sentia muito sozinha, realmente precisava de apoio moral. Os capelães do hospital ainda não se haviam ligado a mim, e eu estava ali sozinha, exceto por uma mulher, uma faxineira negra.

A FAXINEIRA NEGRA

Desde que sofri um derrame cerebral, não consigo lembrar o nome dessa mulher bem como de muitas outras pessoas que foram significativas para mim.

Essa faxineira negra foi minha maior mestra. Enquanto eu viver, terei de lhe dar crédito pelo que me ensinou. A *ela* eu devo isso. E ela nem imagina quanto fez!

Essa faxineira negra do hospital da universidade tinha um dom que estava totalmente além da minha compreensão. Era totalmente ignorante, jamais havia frequentado o segundo grau e, certamente, não tinha conhecimento acadêmico. Mas havia algo nela, e eu não sabia o que era. Estava louca para saber o que ela fazia com meus pacientes terminais. Toda vez que ela entrava no quarto de um dos meus pacientes à beira da morte, algo acontecia lá. E eu teria dado um milhão de dólares para aprender o segredo daquela mulher.

Certo dia, eu a vi no corredor. Pensei comigo mesma: "Você sempre fala a seus alunos de medicina: 'Se você tem uma dúvida, pelo amor de Deus, pergunte!'" Dei-me um empurrão e, rapidamente, aproximei-me dela. Perguntei-lhe sucintamente:

– O que você está fazendo com meus pacientes terminais? *[Risos.]*

É claro que ela ficou paranoica e muito defensiva, e respondeu:

– Não estou fazendo nada. Só estou limpando o quarto. *[Risos.]*

Eu vim da Suíça e, por isso, não conseguia entender que uma faxineira negra pudesse ter dificuldade para falar com uma professora de psiquiatria que era branca.

– Não é sobre isso que estou falando – argumentei. Mas ela não confiou em mim e se afastou.

Espionamo-nos uma à outra durante semanas. *[Risos.]* Sabem o que significa espionar? Esse é o exemplo mais simples de linguagem não verbal simbólica. É isso que fazem as pessoas para tentar conhecer uma à outra, para descobrir quem realmente são, não o que vestem ou sua aparência exterior.

Depois de semanas nos espionando, ela teve coragem de me agarrar e arrastar para um quarto de fundos, atrás do posto de enfermagem. Lá ela me abriu o coração e a alma e me contou uma história muito dramática que, para mim, estava totalmente desconectada da minha pergunta e além da *minha* compreensão intelectual. Naquela época, não tinha ideia do que estava acontecendo.

Disse-me que crescera na Rua 63, em um bairro muito ruim e pobre. Não havia comida, as crianças eram muito doentes e não havia remédios. Certa ocasião, ela se sentou no hospital municipal com seu filho de três anos de idade no colo, esperando desesperadamente, durante horas, que aparecesse um médico, enquanto via seu filhinho morrer de pneumonia em seus braços.

O incrível dessa mulher era que ela relatava todo esse sofrimento e agonia sem ódio, ressentimento, raiva ou negatividade. Naquela época, eu era muito ingênua e estava prestes a lhe perguntar: "Por que você está me contando tudo isso? Que isso tem a ver com meus pacientes que estão morrendo?" E, como se pudesse ler a minha mente, ela concluiu:

– A senhora vê, doutora Ross, a morte não é mais uma estranha para mim. É como uma velha conhecida. Não tenho mais medo dela. Às vezes, quando entro no quarto dos seus pacientes que estão à beira da morte, eles parecem tão apavorados... Eu não posso ajudar a não ser me aproximando deles, tocando-os e dizendo: "Não é assim tão terrível."

∞

Não fosse por essa mulher – e eu digo isso do fundo do meu coração, com a maior realidade possível –, não fosse por essa mulher, não creio que eu tivesse suportado. É isso que estou tentando dizer: não procurem gurus ou babas. Seus mestres chegam disfarçados. Eles chegam na forma de crianças, chegam na forma de velhas avós senis e na forma de uma faxineira negra.

Essa mulher não sabe quem ela é. E não sabe que papel desempenhou e quantas vidas tocou como consequência de suas escolhas. Não importa *o que* fazemos na vida. A única coisa que importa é que o façamos com amor.

Promovi essa mulher a minha primeira-assistente, para grande assombro de meus colegas acadêmicos. *[Risos e aplausos.]* Porque o que essa mulher...

[Elisabeth se interrompe e se dirige muito suavemente à plateia:] Se forem honestos: quantos de vocês aplaudiram por hostilidade? *[Silêncio surpreso.]* Quantos de vocês aplaudiram com hostilida-

de? *[A plateia permaneceu em silêncio.]* Hostilidade contra os médicos e contra o sistema? *[Raros aplausos, risos e, finalmente, um "Bravo!"]* Sim! Enquanto agirem assim, vocês serão responsáveis pelo fato de as coisas não ficarem melhores. *[Aplausos relutantes, esparsos. Elisabeth, ainda muito suavemente:]* É muito importante que saibam isso. Nós amaldiçoamos, questionamos, julgamos e criticamos, e sempre que julgamos ou criticamos, acrescentamos negatividade ao mundo.

Perguntem a si mesmos por que um menino do ensino médio deve bater em um aluno do ensino fundamental. Vocês entendem o que eu disse antes? É apenas a arrogância que faz as pessoas agirem assim. Fui clara? *[Aplausos relutantes. Muito suavemente:]* Se querem *curar* o mundo, é extremamente importante entender que *vocês não podem curar o mundo sem antes curarem a si próprios.* Enquanto baterem, julgarem e criticarem os outros, serão responsáveis por uma Hiroshima, uma Nagasaki, um Vietnã, um Maidanek ou um Auschwitz. E digo isso literalmente. *[Silêncio.]*

Em meus seminários sobre a morte e o morrer, para desviar um minuto do assunto principal, incluíamos ao acaso alguns pacientes que estavam à morte. Eu era uma novata, dependia dos meus pacientes para serem os mestres e – Deus me livre! – ficava paralisada dez minutos se não tivesse um paciente. Não saberia o que dizer. Isso foi dez mil anos atrás. *[Risos.]* Na verdade, apenas 13 anos atrás.

Um dia, meu paciente morreu dez minutos antes do seminário, e eu tinha uma aula de duas horas para dar e nada para falar. Era uma novata, uma novata total. Por todo o caminho até minha classe, pedia para todo o mundo: "Por favor, me ajude. O que vou fazer durante duas horas? Devo simplesmente cancelar a aula?" Mas não poderia fazer isso, porque o público vinha de longe e de toda a parte.

Subi então ao palco e, finalmente, chegou o tão temido momento em que fiquei diante de oitenta alunos, sem nenhum paciente para apresentar. Esse momento, um dos tormentos da minha vida, transformou-se em uma das maiores lições do meu ensino sobre a morte e o morrer. Propus a esse grupo misto de alunos de medicina, alunos de teologia, terapeutas ocupacionais, fisioterapeutas, enfermeiras, clérigos e rabinos: "Sabem, nós não temos um paciente hoje. Por que não examinamos o maior problema que temos aqui nesta faculdade de medicina e falamos sobre ele, em vez de conversarmos com um paciente?" Fiquei ponderando sobre o assunto que o grupo iria abordar. Estava apenas tateando no escuro, a fim de driblar aquelas duas horas. Para minha grande surpresa, eles escolheram o chefe de um dos departamentos – onde todos os pacientes morriam. Não vou revelar qual é esse departamento, porque senão o homem seria identificado.

O TOLO

O problema desse médico era o fato de ele ter sido treinado como todo o resto de nós: para curar, tratar, prolongar a vida, mas nunca havia conseguido nenhuma ajuda além disso. E todos os seus pacientes morriam.

Seus pacientes estavam tão cheios de metástases que podíamos perceber os tumores crescendo cada vez mais. E ele desenvolveu uma atitude tão defensiva que acabou indo demasiadamente longe, afirmando aos pacientes que eles estavam livres do câncer e que aquilo que sentiam era fruto da imaginação. Fez isso a tal ponto que muitos de seus pacientes pediram para ver um psiquiatra porque, se seu problema estava na mente, precisavam de ajuda psiquiátrica.

Eu estava encarregada do serviço psicossomático. Cabia a mim ajudar aqueles pacientes a se livrarem do medo de estarem tomados pelo câncer. Mas eu podia analisar o raio-X e ver que eles estavam certos. Eles realmente tinham câncer. Acho que vocês entendem o terrível conflito em que fui colocada. Não podia dizer: "Não é você, mas o seu médico que precisa de psiquiatra." É claro que não podia fazer isso! *Nunca conseguimos ajudar alguém agredindo outra pessoa. [Silêncio.]* E, em uma instituição, temos que ter um certo grau de solidariedade; assim eu não podia dizer a esse médico que se tratava de um problema dele...

Bem, esse foi o médico que eles escolheram como problema. E eu não sabia o que fazer com isso absolutamente... Estava naquele palco com oitenta pessoas olhando para mim e pensei: "O que vou fazer agora?"

Eu lhes disse que... quanto àquele homem... que não podemos ajudar uma pessoa se estivermos cheios de negatividade em relação a ela. Tem de haver alguma compaixão, compreensão ou amor por ela; precisamos pelo menos compreender uma pessoa ou gostar dela para podermos ajudá-la. Mas, se estávamos tão negativos a ponto de podermos estrangular esse sujeito – e eu teria adorado estrangulá-lo milhares de vezes –, não podíamos ajudá-lo. Assim, eu lhes disse que eu, como psiquiatra, não poderia aceitar aquele homem como meu paciente.

A seguir, fiz uma pergunta àquele grupo constituído de clérigos, rabinos, médicos, enfermeiras, todos eles profissionais que prestam ajuda:

– Quem neste grupo gosta dele? Aqueles que gostam dele podem levantar a mão?

Ninguém levantou a mão. Fiquei desesperada, olhei para todos e perguntei:

– Ninguém gosta nem um pouquinho dele?

Nesse momento, uma jovem levantou a mão. E, sem perceber, suponho que eu devo ter agredido aquela pobre enfermeira... *[risos]*, porque olhei para ela e perguntei:

– Você está doente?

[Gargalhadas.]

Vocês entendem, naquela época eu acreditava que só se poderia estar doente para conseguir gostar de um homem como aquele.

Travamos então uma incrível discussão sobre quão discriminadores somos, porque todos nós só dedicamos amor, ternura e compaixão aos pacientes terminais. Mas, se dedicássemos apenas uma pequena parcela desse amor às outras pessoas que nos cercam, seria maravilhoso. Se eu pudesse ser tão generosa, afetiva e compreensiva com esses médicos terríveis com quem tenho de trabalhar, talvez pudéssemos provocar algumas mudanças.

Perguntei àquela enfermeira:

– Como foi que você, entre todas as pessoas presentes, veio a gostar desse homem?

Quer dizer, no que diz respeito à minha própria atitude antiga julgadora, não havia nada que se pudesse gostar nele.

Aquela jovem enfermeira estava muito séria. Ela se levantou e... muito calmamente, sem arrogância ou exibicionismo, baixou os olhos – muito modesta e humilde –, olhou para todos nós e disse:

– Vocês não conhecem esse homem. Vocês não conhecem essa pessoa.

E *eu* tive vontade de dizer: "Vamos, eu trabalhei com esse tolo." *[Ela rosna com arrogância zombeteira.]* Mas não disse. Tentei apenas realmente escutar o que aquela mulher tinha a dizer, porque ela devia saber algo sobre ele que eu não sabia. E ela nos contou.

– Vocês não entendem. Eu fico lá à noite. Esse homem sempre faz suas visitas à noite. Quando todo o mundo já foi embora, ele chega e faz suas visitas. Ele chega dessa maneira arrogante. Anda como se fosse um figurão. Entra no quarto de um paciente e, quando sai, seu rosto está abatido. Então, entra no quarto seguinte e, quando sai, seu rosto está mais abatido. Quando sai do último quarto, parece devastado.

E ela relatou essa angústia física do médico, como ele, quando passava pelo posto de enfermagem no final de suas visitas, parecia estar saindo do hospital um ser humano destroçado. E prosseguiu:

— Isso acontece todas as noites. Às vezes, tenho o ímpeto de ir até ele, tocá-lo e dizer: "Meu Deus, como deve ser difícil!" Mas, naturalmente, na hierarquia hospitalar, eu não posso fazer isso.

Então, perguntamos:

— Por que não? Se você conseguir parar de pensar um momento, permitir que sua intuição fale por você e fizer o que precisa ser feito, o que lhe vem à mente, sem avaliar, julgar e criticar aqui *[indica o quadrante intelectual]*, mas, em vez disso, fizer o que lhe vem à mente, então pode ajudar esse homem. E, se você ajudar um homem, estará ajudando milhares e milhares de pessoas.

Quando ela terminou, todos sentiam amor e compaixão por aquele homem. Eu estava constrangida. Então tivemos uma grande e acalorada discussão naquela sala com oitenta pessoas de todos os mais diferentes níveis profissionais. E dissemos que realmente sabíamos... – e tínhamos consciência de que não estávamos querendo apenas passar a responsabilidade para outra pessoa –, sabíamos que a enfermeira era a única pessoa que poderia ajudar aquele médico.

Ela reagiu de uma maneira previsível, como se costumava reagir trinta anos atrás e, às vezes, ainda hoje:

— Ora, eu sou apenas uma enfermeira, e ele é um figurão.

— É totalmente irrelevante quem você é em termos de nível acadêmico – replicamos. – Porque você realmente teve um lampejo de amor por essa pessoa. Você é a única que pode ajudá-lo.

— Não posso fazer isso. Não posso fazer isso – repetia ela.

Ao final da aula – essa foi provavelmente uma das melhores aulas que já dei, pois *eu* aprendi muito –, insistimos:

— Se você se sentir novamente desse jeito, vá até ele e toque-o. Ninguém espera que você pegue esse figurão nos braços, mas apenas que o toque. E diga o que lhe vier à cabeça.

Ela não prometeu nada. Não disse sim ou algo parecido. Apenas murmurou:

– Vou tentar.

Deixamos as coisas assim.

Três dias depois, alguém entrou correndo na minha sala – felizmente, não havia nenhum paciente lá –, rindo, chorando e gritando:

– Eu consegui, consegui, consegui!

Eu não tinha ideia de quem ela era. *[Risos.]* Não tinha ideia do *que* ela havia feito. Achei que ela estava frenética. Então eu a reconheci, e ela relatou sua história.

Naquela mesma noite, o médico fora ao hospital, e durante duas noites ela tentara se aproximar dele, mas não tivera coragem. Na terceira noite, quando ele saiu do último quarto – o quarto de um jovem que estava morrendo de câncer –, ela de repente se lembrou de que tinha firmado um compromisso de agir. Seu quadrante intelectual começou a interferir, e ela disse para si mesma: "Bem, não se deve fazer isso." Em seguida, completou: "Não, eu prometi não pensar." E antes que começasse a pensar, ela agiu movida por seu quadrante intuitivo, espiritual. Falou: "Simplesmente fui até ele e o alcancei. Não fisicamente... Acho que nem mesmo toquei nele." E lhe disse:

– Meu Deus, deve ser tão difícil!

Ele a agarrou, começou a soluçar e a chorar, levou-a até a sala dele e, com a cabeça nos braços, simplesmente despejou seu sofrimento, sua tristeza, sua angústia, e compartilhou com ela provavelmente mais do que havia compartilhado com qualquer outro ser humano. Contou que, durante muitos anos, seus amigos já ganhavam a vida enquanto ele ainda continuava a estudar; que se especializou, se sacrificou, deixou de sair com garotas e escolheu uma especialidade por meio da qual ele realmente pensava que poderia ajudar alguém. No fim do seu relato, disse: "E agora sou o chefe de um departamento, e todos os meus pacientes morrem." Mostrou sua total impotência. Teria valido a pena renunciar à sua felicidade pessoal, aos seus amigos, por isso?

E tudo o que ela tinha de fazer era ouvir.

Vocês entendem isso? Como podíamos atacar esse homem? Devido à coragem que essa enfermeira teve de ser ela mesma, de não pensar o que se deve fazer se uma pessoa está aqui embaixo e a outra está lá em cima, porque todos somos irmãos, ela conseguiu, durante dois minutos, tratá-lo como um ser humano; não como o doutor Figurão, mas como um ser humano que tem as mesmas qualidades que todos nós temos.

Um ano depois, esse homem me solicitou consultas, mas somente por telefone, porque ninguém poderia saber disso. Antes, ele jamais havia solicitado uma consulta do setor psiquiátrico, porque era arrogante demais para reconhecer que precisava de ajuda. Três ou quatro anos depois, solicitou consultas normais, como todo o mundo. E finalmente tornou-se um homem muito humilde e compreensivo, com muita compaixão por seus pacientes. Acho que ele teria morrido, teria explodido, se não tivesse pedido ajuda.

Portanto, é possível fazer isso com um tolo como ele, simplesmente encontrando a enfermeira certa. E, é claro, não é preciso ser uma enfermeira. E ninguém é jovem demais para ajudar. Espero que vocês entendam isso.

Quantos de vocês odiaram, até este *workshop*, alguns de seus médicos? *[Silêncio.]* Sejam bem honestos. Toda vez que rotulamos uma pessoa de tola ou de qualquer outra palavra que queiram, estamos aumentando a negatividade dessa pessoa. E as enfermeiras são muito responsáveis pelo fato de os médicos serem tão detestáveis. Só estou falando sobre os médicos detestáveis, mas naturalmente há alguns bons. Entendem por que eu digo isso?

Porque, se um médico é antes de tudo inseguro e por isso acha que tem de ser muito zangado e agir como um figurão, se trabalha em uma unidade em que há dez enfermeiras que realmente o detestam, ele vai captar sua negatividade e isso, por sua vez, vai aumentar a sua insegurança. E vai torná-lo dez vezes mais arrogante. Percebem como nossos pensamentos são poderosos?

Assim, ao pensarem: "Vou chamar esse homem novamente de tolo porque ele não fez as coisas do meu jeito", imediatamente bloqueiem esse pensamento e, em vez disso, pensem nessa pessoa com amor, compreensão e compaixão. Se todos os funcionários de uma unidade fizerem isso com um médico durante uma semana, vocês realmente poderão observar nele uma mudança de comportamento sem que jamais lhe digam uma única palavra em voz alta. Algum de vocês já experimentou isso? Vocês não têm ideia de como nossos pensamentos são poderosos.

Então, se cercarem essas pessoas – e as pessoas mais difíceis naturalmente precisam ainda mais disso – de amor e de pensamentos positivos, poderão mudar o mais impossível...

Entendem o que estou lhes dizendo? Essa é a única maneira de podermos provocar uma mudança. Vou falar um pouco como psiquiatra, porque é muito importante que vocês curem o mundo logo, antes que seja tarde demais: *entendam que vocês não podem curar o mundo sem primeiro curar a si próprios.*

∞

É sobre isto que estamos falando: tarefa inacabada. Deus criou o homem perfeito, para lhe dar toda a consciência que lhe é possível suportar, todas as coisas que ele pode usar. Se vocês não conseguirem suportar isso, não o receberão. Sempre obtemos o que necessitamos, mas nem sempre o que queremos. E, à medida que crescemos e evoluímos, obtemos mais. Não quando o queremos, mas quando estamos prontos para isso.

Todo ser humano é constituído de quatro quadrantes: um físico, um emocional, um intelectual e um espiritual, intuitivo.

Intelectualmente, a maioria de nós está hipertrofiada – especialmente nesta sala. *[Alguns risinhos surpresos.]* Espiritualmente, estamos bem. O único quadrante que nunca precisamos trabalhar é o nosso quadrante espiritual. Ele está dentro de nós, e a maior razão de não estar emergindo se deve ao fato de estar bloqueado. Fisicamente, todos nós frequentamos academias, tentamos praticar ioga, tomamos vitaminas e fazemos todas as coisas certas. Então, não me preocupo muito com isso. O maior problema da nossa sociedade é o quadrante emocional. O segundo estágio do desenvolvimento é o quadrante emocional, que se desenvolve quase que exclusivamente entre um e seis anos de idade. É nessa época que adquirimos todas as atitudes básicas que nos destroem para sempre. Com ênfase na expressão "destroem".

Se nossos quadrantes físico, emocional, intelectual e espiritual estiverem em harmonia, não ficaremos doentes. São apenas três as causas pelas quais adoecemos: as traumáticas, as genéticas e as provenientes da desarmonia entre os quatro quadrantes. Falarei sobre o que é importante na cura, porque, ficando a par do assunto, vocês podem não apenas curar as pessoas, mas também prevenir a doença. Espero que nas próximas gerações gastemos 90% da nossa energia prevenindo a doença em vez de ficarmos colocando curativo em algo que poderia ter sido evitado.

∞

Ao lidarem com crianças que não podem mais falar, ou com crianças muito pequenas, usem desenhos para entender sua linguagem simbólica. Vou lhes dizer como será a medicina nos próximos cinco anos no que se refere à cura: com uma caixa de lápis de cor – como um acessório, não como única coisa.

Quando uma criança não consegue falar e preciso ficar a par do que ela precisa saber para concluir sua tarefa, dou-lhe uma folha de papel, uma caixa de lápis de cor e peço-lhe que faça um desenho. Não devemos dizer à criança o que ela deve desenhar.

Em cinco ou dez minutos, descobrimos que ela tomou conhecimento de que está morrendo. Percebemos onde está a patologia. Por exemplo, se ela tem um tumor no cérebro, ele estará localizado em uma determinada área do desenho. Podemos prever mais ou menos quanto tempo lhe resta, também se está em fase de declínio ou de ascensão e ficamos sabendo qual é sua tarefa inacabada.

Temos feito isso com milhares de crianças. Até mesmo com crianças que, posteriormente, foram assassinadas e com crianças que, mais tarde, foram atacadas por tubarões ou mortas em outros acidentes. Grande parte da consciência que têm de sua morte iminente é subconsciente, oriunda do seu quadrante espiritual.

A razão por que as crianças sempre sabem mais que os adultos é que elas ainda não foram contaminadas pela negatividade. Se educarmos a próxima geração com amor incondicional e *jamais* com punição, mas com disciplina firme e consistente, ela praticamente não precisará de médicos, porque vai ser capaz de curar a si mesma. As pessoas serão inteiras, que foi como Deus nos criou a todos.

Somos sempre inteiros se nossos quadrantes físico, intelectual, emocional e espiritual estiverem em harmonia, o que não impede naturalmente que experimentemos traumas e que os defeitos genéticos continuem presentes.

Se educássemos as crianças apenas com as emoções naturais e lhes permitíssemos externar sua dor, sua raiva, sua tristeza, elas adorariam ir para a escola. Aprender seria uma aventura estimulante, desafiadora, excitante, e as aulas se tornariam muito espirituais, porque tudo isso está dentro de nós. Nascemos de Deus e não precisamos comprar nosso quadrante espiritual, não precisamos suplicar por ele. Ele nos foi dado, é um presente. A única coisa que nos impede de usá-lo é a nossa própria negatividade.

Se é realmente verdade que todas as crianças têm todo o conhecimento dentro de si – do Deus que está dentro de nós, do nosso quadrante espiritual –, então por que os adultos não o têm? Como usar esse conhecimento das crianças para ajudar os adultos?

Vou lhes dar agora meu exemplo preferido para mostrar em que sentido o ensino da linguagem simbólica pode ser usado para ajudar os adultos. Estou usando o exemplo do câncer, embora eu enfatize que, ao trabalharmos com pacientes terminais, não devemos destacar apenas os que têm câncer. Pessoas que têm doenças neurológicas – esclerose múltipla, esclerose lateral amiotrófica – bem como as que tiveram derrames e não podem mais falar ou se mover precisam de tanta ajuda quanto os pacientes que têm câncer, se não *mais*. Sempre falamos dos pacientes que têm câncer como se essa doença fosse a maior tragédia do mundo. Espero que vocês entendam que o importante é que devemos ajudar não somente os pacientes que têm câncer, mas *todas* as pessoas.

BERNIE SIEGEL

Houve um médico que veio ao nosso *workshop* e ficou muito impressionado com a utilização de desenhos espontâneos feitos por crianças que estão à beira da morte. Cerca de dois anos atrás, ele teve a coragem de submeter-se ao rótulo de tolo, de ser chamado... – ele agora é chamado de herege... de... bem, ele conseguiu outro belo rótulo. Nós o desafiamos, contando-lhe que realmente acreditamos que este dom do conhecimento interior existe não apenas nas crianças com doenças terminais, mas também em adultos totalmente saudáveis. Depois que é feito o diagnóstico de uma doença potencialmente terminal, simplesmente pedimos ao paciente que faça um desenho – sem instruções, nada mais –, apenas para termos uma noção de onde essa pessoa está nesse momento. Em seguida, nós lhe pedimos para expressar o seu câncer.

Esse médico pegou os desenhos, foi para casa e disse: "Muito bem, vou tentar fazer o que você diz que funciona."

Em vez de dizer a seus pacientes que têm câncer o que devem fazer, ele lhes dá amor incondicional e respeito. Não os enche de expectativas nem lhes faz exigências. Ele lhes diz: "Façam um desenho para mim!" Os pacientes o fazem, e então ele fica sabendo onde eles estão, não apenas sob o aspecto do quadrante físico, mas também dos quadrantes emocional, espiritual e intelectual.

Meu desenho mais notável – tenho que me gabar disso – foi o de um homem com diagnóstico de câncer *[mostra um desenho à plateia]*, e vou descrevê-lo para aqueles que não conseguem vê-lo. Depois de fazer um desenho genérico – a partir do qual podemos fazer uma avaliação geral do paciente –, foi solicitado que ele retratasse o câncer. Ele desenhou um homem – estou delineando apenas um corpo simbólico aqui – e, nesse corpo, traçou grandes círculos concêntricos vermelhos, significando um organismo cheio de grandes células cancerosas vermelhas *[cor do perigo]*. Quando lhe pedi que retratasse a quimioterapia – nesse caso foi o tratamento escolhido pelo oncologista, e, penso, a maioria dos médicos o teria recomendado também –, ele desenhou enormes setas negras, cada uma atingindo uma célula cancerosa. Mas apareceu uma coisa muito estranha e inesperada no seu desenho: ao atingirem aquelas células cancerosas vermelhas, as setas se desviavam delas.

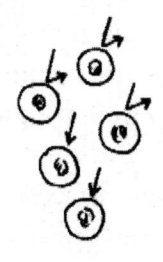

Quimioterapia

Se vocês não soubessem nada sobre a interpretação de desenhos e fossem médicos desse paciente, vocês o colocariam em quimioterapia? Vocês o teriam encarado como um candidato adequado a esse tipo de tratamento?

O paciente foi considerado um bom candidato para quimioterapia. Apesar disso, alguma coisa dentro dele – mas não o seu intelecto – me disse que, internamente, ele sabia que iria rejeitar a quimioterapia que lhe era oferecida.

A mensagem do paciente vem de um quadrante que ainda não é considerado realidade pela maior parte da humanidade. Devido ao nosso próprio quadrante intelectual, hipertrofiado, que julga saber tudo melhor que o paciente, consideramos esse homem um tolo, porque estatisticamente foi comprovado que seu câncer responde muito bem a esse tipo de quimioterapia. Por isso, o paciente deve recebê-la.

Mas, quando você observa o que o quadrante intuitivo do paciente está dizendo, percebe que, nesse caso, a quimioterapia não vai funcionar.

Nesse caso, o amor incondicional – amor que não é piegas nem sentimental – significa que eu devo respeitar o próximo como a mim mesmo. Devo respeitar as pessoas que têm sobre si mesmas um conhecimento que está além do *meu* conhecimento sobre elas. O conhecimento *delas* vem de um quadrante diferente, mas apesar disso é sempre mais preciso do que aquele que vem do quadrante intelectual.

Conhecendo e respeitando tal fato, pergunto a esse homem:
– O que seu médico lhe disse sobre a quimioterapia?
– Ele me disse que ela mata minhas células cancerosas – responde.
– Sim! Vá em frente, faça-a! – digo-lhe.
Diante de sua expressão desanimada, percebo que algo me escapa. Então pergunto novamente:

– O que seu médico lhe disse sobre a quimioterapia?

– Ele me disse que ela mata minhas células cancerosas – responde, mais uma vez, de forma direta.

Dessa vez, pergunto:

– Sim, mas...?

Ele olha para mim como se quisesse me checar e diz:

– Não matarás.

– O quê? – pergunto.

– Não matarás – repete.

Agora, entendendo melhor, indago:

– Nem mesmo suas próprias células cancerosas?

E ele diz:

– Não. Veja, doutora Ross, eu fui criado como *quaker*. Acredito realmente na lei universal: "Não matarás." E estive pensando muito seriamente sobre isso. Não, não acho que eu possa matar.

Se praticamos o amor incondicional, respeitamos o nosso próximo sem tentar convencê-lo, convertê-lo ou modificá-lo. Então, não tive dificuldade em lhe dizer que eu gostaria que todas as pessoas acreditassem na lei universal, porque, se assim fosse, o mundo seria um lugar muito bonito e muito pacífico. Essa era uma expressão explícita do meu respeito por ele e lhe deixava claro que eu não iria menosprezá-lo, rir dele ou criticá-lo. Mas tive que acrescentar: "Faça-me um favor..." Entendam, o que eu quero é que todos os meus pacientes melhorem. Não vou lhe dizer isso, mas é isso que tentarei incutir nele. Digo:

– Faça-me um favor. Vá para casa e imagine uma forma de se livrar do câncer.

Vocês entendem a diferença no uso das palavras? E ele responde:

– Essa é uma boa ideia.

Vai embora e volta uma semana depois.

– Você conseguiu imaginar uma maneira de se livrar do câncer, de forma que *nós* realmente possamos ajudá-lo? – pergunto-lhe.

E ele, novamente com aquele sorriso maravilhoso:
– Sim!
– Faça um desenho para mim! – pedi.

O seu desenho – e estou apenas esboçando um, para que vocês possam ver como ele era –, que antes retratava um corpo cheio de células cancerosas, mostrava agora um corpo cheio de gnomos. Estes sujeitinhos, vocês sabem... *[desenhou um gnomo no quadro-negro. A plateia se diverte.]* Cada gnomo levava embora, delicadamente, uma célula cancerosa. *[Aplausos e risos.]*

GNOMOS

Fiquei muito emocionada com aquilo. Telefonei para o seu oncologista, relatei-lhe o episódio; no mesmo dia ele colocou o paciente em quimioterapia. Hoje, esse homem continua bem.

∞

Vocês conseguem avaliar a beleza disso? Para mim, trata-se de uma incrível abertura das coisas. Só requer humildade, é necessário apenas saber que, em nosso interior, todos temos todo o conhecimento de que necessitamos e que, se formos humildes, abertos e respeitarmos e amarmos o nosso próximo como amamos a nós mesmos, poderemos ajudar um ao outro. Não demanda tempo. Demora cinco minutos e não custa um centavo. Não estou exagerando.

Espero que vocês entendam que é isso que consideramos medicina holística. Posso ter o conhecimento intelectual da malignidade. O paciente conta com o conhecimento intuitivo. E, se começarmos a trabalhar juntos, respeitando e ajudando uns aos outros, poderemos realmente, através dessa ajuda, tornarmo-nos inteiros.

A meu ver, é isso que significa curar em nossos tempos. De algum modo, tem a ver com consciência, e não sei como expressar isso. Tem a ver com abertura. E não poderemos nos tornar abertos nem alcançar esse conhecimento, entendimento, compaixão e amor incondicional enquanto abrigarmos um Hitler dentro de nós. Por isso, doutor: *Cure a si mesmo!* Tenham humildade para reconhecer toda a negatividade que abrigam dentro de si todos os dias.

E, se conseguirem fazer isso, se conseguirem reconhecer o que aprendi em Maidanek... Foi lá que encontrei a mulher que havia perdido toda a família. Ela foi quem me disse: "Você não acha, Elisabeth, que todos nós temos um Hitler dentro de nós?"

Sim. E em todos nós há também uma Madre Teresa. Não podemos nos tornar uma Madre Teresa – falando simbolicamente – se não tivermos coragem de enfrentar o nosso Hitler e nos livrar dele.

Por isso, eu lhes digo: Se quiserem *curar* o mundo, curem a si próprios, livrem-se do Hitler que existe dentro de vocês. Então vão se tornar seres humanos inteiros, da maneira como Deus os criou. Então terão consciência cósmica, terão experiências extracorpóreas, terão tudo aquilo de que precisam – mas não o que querem, graças a Deus! *[Risos.]*

OS *WORKSHOPS*

Algumas pessoas perguntaram sobre os *workshops*. Eles são patrocinados por Shanti Nilaya. Damos *workshops* no mundo todo, da Califórnia à Austrália. Convidamos 75 pessoas para passarem uma semana conosco, do meio-dia de segunda-feira ao meio-dia de sexta-feira. Cerca de um terço delas é constituído de doentes terminais ou de pais de crianças que estão à beira da morte; um terço, de médicos, clérigos, assistentes sociais, conselheiros, enfermeiras; e um terço, de frequentadores assíduos. E o que fazemos com esse grupo é mostrar a todos os participantes como, em cinco dias, eles podem encarar a própria tarefa inacabada e se livrar dela. E, entendam, quanto mais jovens vocês forem quando o fizerem, mais plenamente poderão viver depois.

São cinco dias muito intensos de *workshop* em que geralmente os pacientes terminais começam a compartilhar sua angústia, sua dor, sua tarefa inacabada, sua tristeza, e entram em contato com o próprio reservatório de lágrimas e raiva reprimidas e com a necessidade de concluir uma tarefa. Então nós os ajudamos a examiná--las e a externá-las. Na última noite, na quinta-feira, fazemos um ritual muito comovente, em que as pessoas ficam diante de uma fogueira a céu aberto, em geral tendo cada uma diante de si vinho e pão, e compartilham com o grupo o que estão dispostas a deixar para trás. Fazem isso simbolicamente, com uma pinha, colocando a negatividade dentro dela e atirando-a na fogueira.

Quando temos coragem de encarar a própria negatividade e deixá-la para trás, podemos nos tornar mais parecidos com Madre Teresa. Não é possível acomodar-se na negatividade e pensar que se pode projetá-la para fora através da meditação. Isso realmente não funciona.

Se não enxergarem a superfície, mas o que está bem fundo naquele reservatório de angústias e tristezas, vocês encontrarão mais sofrimento e angústia em um grupo de 75 pessoas do que jamais poderiam imaginar. A maior tristeza que poderão experimentar algum dia, bem maior do que qualquer perda inconfessável, é *a tristeza pelo amor que jamais experimentaram*. Essa é a maior tristeza.

Grande parte das pessoas, em nossa sociedade, jamais experimentou o amor incondicional, exceto talvez de uma avó ou de um avô.

O último *workshop* de cinco dias, do qual acabo de chegar, tinha 17 pacientes suicidas, que foram para lá como última esperança, resolvidos a cometer suicídio se não obtivessem a ajuda de que precisavam. Eu lhes disse para não fazerem isso antes da sexta-feira à tarde. *[Risos.]* Trata-se de algo para se levar a sério, mas também é preciso fazer com que essas pessoas tenham consciência de que nós, seres humanos, somos total, única e exclusivamente responsáveis por nossa própria vida. Por isso, não vão chorar no ombro de outra pessoa nem desperdicem sua energia em autopiedade. São vocês e suas escolhas que os levam para o ponto onde estão.

E nós, seres humanos, deveríamos dar graças todos os dias por sermos as únicas criaturas vivas nesta galáxia que receberam livre--arbítrio. E, após a morte, quando a maioria de vocês compreender pela primeira vez o que significa a vida *aqui*, começarão a perceber que ela é quase nada, exceto a soma de todas as escolhas que fizeram a cada momento. Seus pensamentos, pelos quais são responsáveis, são tão reais quanto seus atos. Vocês vão começar a perceber que cada palavra e cada ato afetam sua vida e também tocam milhares de outras vidas.

CRISTO

Observem a si mesmos quando se levantam de manhã e estão mal-humorados. Vocês fazem com que seu marido ou sua esposa fique infeliz, e ele(a) sai para trabalhar e desconta na secretária. Esta, então, desconta no marido. Seus filhos vão para a escola infelizes, chutam o cachorro que está no caminho, batem nas outras crianças e terminam na sala do diretor. Vocês deveriam considerar, uma vez, como uma pessoa que se levanta aborrecida de manhã pode tornar infeliz a vida de tantas outras.

São essas pequenas coisas que se devem experimentar em si próprio. No dia seguinte – mesmo que estejam mal-humorados –, cantem, cantarolem ou assobiem até que todos tenham saído de casa. *[Risos.]* Então vocês podem bater num colchão com uma mangueira de borracha e descontar a raiva em um objeto inanimado.

E, no fim do dia, perguntem ao marido, ao companheiro, aos filhos, como foi o dia deles, e vão começar a perceber que *vocês* podem mudar a vida com coisas simples. Não é preciso ir para a Índia, nem usar LSD, mescalina ou outra droga alucinógena qualquer para mudar a vida. Não precisam fazer nada, exceto ser responsáveis por suas escolhas.

E façam o que Cristo fez no dia seguinte ao que a Bíblia chama de "luta contra Satanás", que não passou de uma luta contra o Hitler que havia dentro dele, depois de quarenta dias de jejum. Ele estava totalmente consciente de que podia ser o governador de Jerusalém, de que poderia mudar esse lugar, tão decadente naquela época. Mas também sabia que isso não duraria muito tempo. A escolha mais nobre que lhe cabia era decidir jamais usar seus poderes, e decidir até mesmo dar a sua vida, se isso ajudasse alguém – ainda que fosse uma só pessoa – a entender que a morte não existe, que ela é apenas uma transição para uma forma de vida diferente.

Ele fez exatamente isso. Sabia que as pessoas só acreditariam nele enquanto realizasse milagres. No momento em que desaparecesse, começariam a duvidar novamente. Ele tinha consciência da diferença entre saber e acreditar.

Por isso, após sua morte, ele se materializou para seus amigos e discípulos durante três dias e três noites. Comeu, conversou e compartilhou com eles. E então eles souberam. E foi o conhecimento, não a crença, que lhes deu coragem para fazer o que precisavam fazer.

Aqueles de vocês que estiverem dispostos a passar por quarenta dias de jejum, simbolicamente falando – isso significa passar pelo inferno, ser rotulado, ridicularizado, censurado, criticado –, e apesar disso fizerem a escolha mais nobre, não irão lamentá-lo.

E, mais uma vez, para lhes dar um exemplo *muito* prático.

DOUGY NOVAMENTE

Alguns anos atrás, fui visitar, na Virginia, um menino de nove anos de idade que estava morrendo de câncer. E, antes de deixá-lo, disse-lhe que ele devia ter muitas perguntas a fazer. Propus-lhe: "Não posso dar consultas domiciliares muito frequentemente na Virginia, mas, se você quiser me perguntar alguma coisa, me escreva."

Um dia, recebi uma carta de Dougy. A carta tinha duas linhas: "Querida Dra. Ross. Quero lhe fazer apenas mais uma pergunta. O que é a vida e o que é a morte e por que crianças pequenas têm de morrer? Com amor, Dougy."

Vocês entendem por que tenho uma preferência pelas crianças? Elas vão diretamente ao assunto. *[Risos.]* Então, escrevi-lhe uma carta. E, vocês sabem, não podia escrever nada muito longo e complicado. Tinha de lhe escrever da mesma maneira que ele me havia escrito.

Então, usei essas canetinhas maravilhosas que têm 28 cores, as cores do arco-íris. A carta ainda não me agradou muito, e então comecei a ilustrá-la. Quando terminei, gostei tanto dela que quis guardá-la. Minha racionalização foi, naturalmente: "Sim, você realmente tem o direito de guardá-la. Você na verdade elaborou a carta! Logo serão cinco horas e o correio estará fechado, seus filhos vão chegar da escola e você terá que preparar o jantar deles"... e todas as desculpas que justificavam isto: guardar a carta. Quanto maior a lista de desculpas, mais eu sabia que aquilo *não* estava certo. Então, refleti: "Vivo sempre ensinando as pessoas a fazerem a escolha mais nobre. Qual é minha melhor escolha agora? Minha melhor escolha é ir imediatamente ao correio e enviar esta carta, porque a escrevi para ele, não para mim." Fui então ao correio e a enviei.

Dougy ficou extremamente orgulhoso e feliz. Compartilhou-a com muitas outras crianças que estavam à beira da morte. Isso, em si, já teria sido muito bonito. Mas, cerca de cinco meses mais tarde, em março, quando se aproximava o seu aniversário, a família dele me fez um interurbano. Dougy veio ao telefone e me disse: "Doutora Ross, hoje é meu aniversário. A senhora foi a única pessoa que acreditou que eu faria mais um aniversário. E preciso lhe dar um presente pelo meu aniversário. Não conseguia imaginar o que lhe dar. Nós não temos nada. A única coisa que me ocorre... ("a única coisa que me ocorre", esse é o quadrante espiritual)... a única coisa que me ocorre repetidamente é lhe devolver sua linda carta. *[Risos.]* Mas com uma condição! (Não era um amor incondicional!) *[Risos.]* Com uma condição: que a senhora a publique *[risos]* e a torne disponível para outras crianças que estão morrendo."

Muitas coisas começaram a vir à minha mente: é caro, 28 cores em cada página *[risos]*, quadrante intelectual, suíços são parcimoniosos, como as pessoas poderiam se permitir isso. Tudo isso estava interferindo, e então eu disse um basta para todos aqueles argumentos. Em vez disso, fiz a escolha mais nobre. E isso é literalmente verdadeiro: se você se doa a si mesmo sem expectativas, você é recompensado dez mil vezes.

Isso aconteceu há quatro anos e meio. Quando Dougy morreu, a *Dougy Letter* já havia chegado a dez mil crianças que estavam à beira da morte. *[Aplausos.]*

∞

Diferencie entre o intelecto e a intuição. Quando você pensa, trata-se de seu intelecto. *[Risos.]* Quando você faz o que *acha* direito, de sua intuição. A intuição vem mais depressa, não faz sentido, é totalmente ilógica e parece incrível. *[Risos de aprovação e aplausos.]* Se seguirem sua intuição, sempre terão problemas. Mas existe algo de que gosto muito em *Shanti Nilaya*, no qual acredito mais do que em qualquer outra coisa, que é: *Se você proteger os cânions contra as tormentas, jamais verá a beleza dos seus entalhes.*

E, quando seguirem sua intuição, vão se tornar finalmente um cânion – se durarem. Mas isso é maravilhoso! *[Em um tom de voz feliz, pacífico.]* Eu não gostaria de viver em nenhuma outra época, porque jamais seria mais difícil e mais compensador.

DIZER SIM...

SEXTA-FEIRA SANTA

Faz sete anos que estive aqui. Para mim, isso é muito significativo. De qualquer modo, sete é um número muito significativo. E a Páscoa é a data mais importante da nossa vida, quer o saibamos, quer não.

Sete anos atrás eu estava aqui, falando para um grupo de pessoas. Não sabia então que estava sete anos à frente da minha programação celeste. Não tinha planejado isso. E estou muito satisfeita por não saber, naquela época, o que iria acontecer. Porque nesse caso eu teria me enforcado na primeira árvore de Natal que encontrasse. *[Risos.]*

Todos os dias na minha vida – isso é o que a Sexta-Feira Santa significa para mim. A Sexta-Feira Santa é encarada por muitas pessoas como sendo um dia triste, por causa da crucificação. Mas, sem a crucificação, não teríamos tido a ressurreição. E, sem as tormentas da vida, meus pacientes não morreriam em paz, com dignidade e realmente sabendo o que todos nós precisamos saber no momento da morte. Por isso, hoje quero falar principalmente das tormentas da vida, do propósito das tormentas da vida e de como vocês devem criar seus filhos para que eles não tenham medo de viver ou de morrer.

Não sou "a senhora da morte e do morrer". Espero, nos próximos cinquenta anos, ser conhecida como "a senhora da vida e do viver"! Porque, se vivermos bem, jamais teremos medo de morrer. *A morte é o maior prazer que nos aguarda.* Nunca deveríamos nos preocupar com ela, mas sim com o que fazemos hoje. Se hoje fizermos a melhor escolha em tudo, não apenas em nossos atos, mas também em nossas palavras e em nossos pensamentos, então teremos uma experiência incrivelmente feliz no momento da morte.

Tudo o que precisamos aprender é como criar uma geração de jovens com um verdadeiro amor incondicional e disciplina firme e consistente. Há um velho ditado, em algum lugar da Bíblia – nunca cito isso direito, mas vocês sabem sobre o que estou falando –, que diz que os pecados do pai passarão para seus filhos e para os filhos de seus filhos. Isso significa simplesmente que, se vocês foram espancados ou sofreram abuso sexual quando crianças – pelo menos 25% da nossa população convive com o incesto –, se foram espancados quando crianças, irão, por sua vez, espancar *seus* filhos, devido a toda a angústia, frustração e raiva impotente que ainda permanece em seu íntimo. E, se não conseguirem se livrar de toda essa dor antes de se tornarem adultos e terem seus próprios filhos, vão transmiti-la à próxima geração. Por isso, acho que é dever da nossa geração praticar o que foi ensinado dois mil anos atrás: Ama teu próximo como a ti mesmo!

Temos que começar com nós mesmos, porque não poderemos amar os outros se não amarmos a nós mesmos. E nunca poderemos confiar nos outros, se não confiarmos em nós mesmos. Por isso, quando falo sobre como educar a próxima geração, quero dizer que temos de começar com nós mesmos, e então as coisas se tornarão cada vez mais fáceis.

Deus criou o homem com cinco emoções naturais. Aprendam a respeitá-las e não as transformem em emoções não naturais. São essas emoções não naturais que mais tarde lhes proporcionarão todas as suas tarefas inacabadas.

A raiva é um dom natural, dado por Deus, e que, em sua forma natural, dura 15 segundos. Quinze segundos é tempo suficiente para dizer: "Não, obrigado." E, se as crianças não puderem expressar sua própria positividade, autoridade e raiva natural, elas terminarão como Hitlers, pequenos ou grandes Hitlers, cheios de raiva, vingança e ódio. O mundo está repleto deles.

A tristeza é uma emoção natural que nos ensina a cuidar de todas as perdas da vida. Quantos de vocês puderam chorar quando crianças? Ter uma mãe suíça muito limpa e asseada que, ao ver nosso cobertor de estimação um pouco desgastado, diz: "Que vergonha!", e o joga fora, é uma perda terrível para uma criança pequena. E, se não nos for permitido chorar ou se nos dizem: "Se você não parar de chorar, vou lhe dar um bom motivo para isso, que vai fechar sua boca bem depressa", então preferiremos ficar quietos a ser espancados. Como decorrência, quando crescermos, iremos ter muitos problemas de autopiedade. Literalmente, mergulharemos nela. Nunca faremos bem o nosso trabalho em um abrigo de velhos ou ajudando alguém. Sentiremos muita vergonha e culpa.

Ao assistirmos a filmes como *E.T.*, podemos perceber toda essa vergonha e culpa à medida que observamos o público. Quando as luzes se acendem, ou durante o intervalo, muitas pessoas limpam seus óculos como disfarce, justificando que eles ficaram embaçados – e isso porque têm vergonha de admitir que choraram. Essa é uma tarefa inacabada: *vocês têm medo de não terem permissão para se sentirem tristes.*

O amor é incondicional. O amor não faz reivindicações, não cria expectativas. Ele simplesmente *existe*.

Uma forma de amor natural se revela no ato de segurar e abraçar o bebê, que então se sente nutrido e cuidado. Outra forma de amor, na capacidade de dizer não, e isso é muito difícil para inúmeras pessoas. Se disserem a um menino: "Não vou amarrar seus sapatos. Tenho absoluta certeza de que você pode fazer isso sozinho", ele pode ter um ataque de raiva ou realmente tentar manipulá-los. Então, terão de sustentar sua posição e transmiti-la para ele: "Tenho certeza de que você pode fazer isso sozinho. Tenho certeza de que você pode se sair ainda melhor do que eu na sua idade." Diante disso, ele vai se inclinar, esforçar-se o máximo possível, ficando *muito* orgulhoso ao descobrir que pode aprender a amarrar seus sapatos sozinho. Isso desenvolve a autoconfiança e o amor-próprio. É muito, muito importante que saibam disso. E, se têm alguma tarefa inacabada, livrem-se dela, porque, se não o fizerem, ela não somente vai perturbá-los pelo resto da vida, mas crescerá como uma solitária, um verme que, por fim, irá sufocá-lo.

Se vocês estiverem vivendo plenamente, ao perderem alguém não enfrentarão excessiva dificuldade com a tristeza. Sentirão muita tristeza, mas não o *peso* da tristeza.

O *peso* da tristeza é uma *tarefa inacabada*. Trata-se de medo, vergonha, culpa, todas as emoções não naturais e todas as tarefas inacabadas – tudo isso vai naturalmente drenar sua energia e reduzir sua sensação de integridade e saúde.

O SUICÍDIO POR LIVRE ESCOLHA

Vocês e só vocês são responsáveis por suas escolhas. Mas, ao fazerem a escolha, têm também que arcar com a responsabilidade.

Digamos que uma pessoa queira tirar a própria vida. Ao tomar essa decisão, tem também que aceitar as consequências de sua escolha. Isso significa que ela vai fazer com que seus familiares experimentem *muita* culpa, muitos "O que foi que aconteceu", "O que eu fiz de errado?", "Como não percebi os sinais?", enfim, todas as coisas que transformam essa situação em um pesadelo. *Ela* será responsável por colocá-*los* nesse pesadelo. E esse é o seu... fardo, que ela tem de levar consigo para o outro lado.

Por isso, toda vez que optarem pela livre escolha, certifiquem-se de que têm o direito de fazê-lo. Esse é o maior dom que nos foi dado ao nascermos como seres humanos. A julgar pelo que sabemos, somos as únicas criaturas do universo que receberam o livre-arbítrio. Mas ele vem acompanhado também de *muita* responsabilidade.

Temos, então, que diferenciar. Eu diria que provavelmente cabe ao médico a responsabilidade por 70% dos suicídios entre pessoas jovens, e não tenho outra maneira de dizer isso.

Temos algum psiquiatra neste grupo? Sim! Porque realmente temos que diagnosticar episódios iniciais de transtorno bipolar não diagnosticados. Não o temos feito como deveríamos. Se uma jovem está muito deprimida – talvez ela tenha perdido seu namorado, discutido ou brigado com o pai ou com a mãe –, nós consideramos isso normal. Não detectamos sinais precoces de transtorno bipolar que muito frequentemente não foram diagnosticados. E a única coisa da qual esses pacientes precisariam era lítio. O lítio é o único recurso que eu conheço que funciona com esses pacientes. Ele pode abrandar a depressão. Eles *ainda* ficarão deprimidos, mas atingirão um determinado estágio depressivo e não irão adiante. E, se costumam ficar agitados, permanecerão agitados, mas não demais, o que acontece quando estão totalmente descontrolados.

Por isso, temos que orientar melhor a população sobre os primeiros episódios de psicose maníaco-depressiva e dar aos pacientes a medicação certa. Não sou uma psiquiatra que ministra excesso de drogas às pessoas. O lítio é uma das poucas drogas que uso.

A questão é muito difirente no que diz respeito às consequências das escolhas. Por exemplo, uma jovem pode ficar furiosa com o namorado ou com a mãe – "Como você se atreve a fazer isso comigo? Vou fazer você se sentir tão culpado que vai se arrepender até o fim da vida!" – e cometer suicídio como um ato de vingança, para fazer a outra pessoa se sentir *realmente* culpada. Paga com a própria vida – está tão furiosa que faria qualquer coisa para que o namorado se sinta péssimo, exatamente como ele fez com que *ela* se sentisse. Esse motivo para cometer suicídio tem consequências muito diferentes se comparado com o de um maníaco-depressivo não diagnosticado que, por estar tão deprimido, não quer outra coisa senão dar um fim à vida. E, não importa o que se faça ou diga, não se consegue livrá-lo disso.

O SUICÍDIO COMO RESULTADO DE UMA DEPRESSÃO ENDÓGENA

Quantos de vocês de fato se sentiram alguma vez desesperadamente deprimidos? Então sabem como é. Se multiplicarem isso por dez, terão uma ideia do que um maníaco-depressivo sente, imerso na depressão. Nada faz sentido, absolutamente nada! É... é pior do que nada. É um vazio total. Não há absolutamente como sair da escuridão. E, para a pessoa deprimida, a única solução é pôr um fim a tudo, porque se tornou insuportável. No fim, quando, após a morte, fizer a revisão de sua vida, será avaliada como se tivesse morrido de câncer. Essa forma de depressão e suicídio é uma doença pela qual a vítima não pode ser responsabilizada.

Não conseguiremos nos "graduar" enquanto não tivermos aprendido todas as lições que viemos aprender neste tempo de vida, bem como não tivermos ensinado aquilo que viemos ensinar. A vida nada mais é que uma escola, literalmente uma escola, em que somos testados, uma escola em cujos testes temos de passar. Se passamos em nossos testes, vamos enfrentar um desafio maior. Se passamos no teste seguinte, que é muito mais difícil que o primeiro, apresenta-se um desafio ainda maior. E assim por diante, mas nunca fica mais fácil. Fica pior! A cada vez é mais difícil e mais árduo, mas, de certa forma, também mais fácil. Vocês entendem o que eu quero dizer? É como apresentar problemas de matemática destinados a um aluno de quinta série para um aluno de primeira: ele não será capaz de resolvê-los. Mas dar esses problemas a um aluno de quinta série já é outra coisa. Na quinta série, ele já está mais bem preparado e terá uma justa chance de conseguir resolvê-los.

Quando pensamos que conseguimos chegar ao topo da montanha e que realmente podemos tomar posse dela, encontramos um seu desdobramento. *[Risos.]* Se enfrentamos mais essa etapa e sobrevivemos, então encontramos... outro maior ainda. Quantos de vocês já passaram por pelo menos um desdobramento desses? *[Resposta da plateia: "Acho que já passei por algo assim."]* Você achou que foi difícil? *["Sim!"]* Bem, então o melhor ainda está por vir! *[Risos.]*

É disso que trata a vida. O único propósito da vida é a evolução espiritual: crescer até ficar perfeito a ponto de enfrentar qualquer desafio. E vocês sabem que, quando forem colocados diante dele, que é, simbolicamente falando, escolha sua – e de *ninguém mais* –, sairão dele esmagados ou polidos.

A DIFERENÇA ENTRE SALVAMENTO E AJUDA

Quando você tenta salvar alguém, não o está ajudando. Todos entendem isso em algum nível. Porque, ao salvar uma pessoa, você *a* torna fraca, e *você* será o figurão. Se você a salva e protege, não a está ajudando de modo algum.

Todos nós somos defensores de nossos irmãos. Somos responsáveis por ajudá-los sempre que for necessário. Mas temos que saber a diferença que há entre *salvar* alguém – tentar consertar algo na vida de outra pessoa – e *ajudar* alguém – estar disponível quando essa pessoa aprendeu a ser humilde o bastante para pedir ajuda. É muito tênue a linha divisória entre um salvador e alguém que presta ajuda, que é um ser humano decente.

∞

[Alguém na plateia pergunta a Elisabeth o que fazer quando uma pessoa que está muito doente diz que não quer viver mais.]

Alguém já conversou com vocês sobre as leis universais? É preciso conhecer algumas que são básicas. *Não matarás* é uma lei universal absoluta e vale para toda a humanidade. Não apenas para a nossa própria religião, mas para cada uma delas. Se uma pessoa lhes pede para matá-la, não importa por que razão, vocês primeiro têm que descobrir por que ela não quer viver mais.

Quantos dentre vocês estão cuidando de pessoas que não querem viver, que estão amarradas a uma cadeira de rodas, incontinentes, que ficam olhando para o vazio, sem ninguém que as beije ou as toque? Quantos de vocês gostariam de viver dessa maneira? Ninguém, é claro!

Se vocês souberem... se conseguirem realmente se identificar com essa pessoa que diz: "Eu não gostaria de viver dessa maneira", perguntem a si mesmos: "O que posso fazer para mudar a situação dela, para que ela não somente exista até morrer, mas possa realmente viver até morrer?" Então procurem mudar isso ou aquilo para ela.

Vocês já viram o filme de Katie sobre a dança com pessoas idosas que estavam todas paralisadas e em cadeiras de rodas? Vocês não o viram?

Temos um videoteipe que foi feito com o objetivo de oferecer orientação na ajuda a pessoas idosas. Selecionamos propositalmente pessoas muito idosas – não as que têm 62 anos, para que não pensem que poderíamos ser nós... *[Risos.]* Pois bem, selecionamos um grupo de homens e mulheres de oitenta a 84 anos, todos paralisados e em cadeiras de rodas, que viviam em um abrigo. Eram pessoas tipicamente idosas, uma espécie muito passiva de idosos nem um pouco animados, e tentamos ensiná-los a viver.

Conseguimos a dançarina, Katie, que lhes mostrou como dançar. Eles estavam todos paralisados, em cadeiras de rodas que foram dispostas em círculo. Contratamos um fotógrafo para registrar em um vídeo tudo o que estava acontecendo ali. Só que ele não procedeu como o faríamos: as pessoas se exibindo diante de uma câmera, sorrindo e tentando parecer tranquilas e felizes. Não. Colocou a câmera atrás delas e filmou-lhes apenas os pés, pés mortos, ali pendurados. E então, enquanto Katie dançava – e ela usou Tchaikovsky, Mozart e todas as músicas clássicas antigas –, de repente começamos a ver os pés se movendo. *[Surpresa.]* É possível constatar: eles estão realmente se movendo. Vimos um senhor simplesmente saltar, começar a rodear a mulher que estava próxima a ele *[risadas]* e começar a agarrá-la e a tocá-la. As coisas foram acontecendo, e no filme vocês podem ver tudo isso. Aquele senhor se envolveu com aquela senhora mais tarde. *[Risos.]* E ela insistiu que seria sua noiva, mas isso só porque queria um vestido novo! *[Risos.]* Ou seja, uma senhora inteligente. *[Gargalhadas.]*

Vocês deveriam assistir a esse filme. Deveriam também conhecer esse abrigo para idosos.

[Pergunta da plateia: "Qual é o nome desse abrigo?"] Eu tive um derrame, não tenho mais memória. Mas o videoteipe consta do programa. É algo sobre dançar com senhoras idosas. Elas dançam de um jeito que vocês não vão acreditar. E tudo isso por causa de uma pessoa que tocou na corda certa e deu vida àquelas vidas.

MINHA MÃE

Quando minha mãe ficou velha, teve realmente um problema sério: não conseguia receber nada de ninguém. Chegava a dar a própria roupa; era capaz de fazer qualquer coisa por qualquer pessoa. Ela trabalhou duro durante toda a sua vida. Criou trigêmeas e um menino seis anos mais velho, e vocês podem imaginar o que deve ter sido criar trigêmeas sessenta anos atrás. Não havia máquina de lavar, nem fraldas descartáveis, não tínhamos água quente. Ela teve que nos alimentar durante nove meses a cada três horas, dia e noite, e isso foi difícil. Mas ela dava, dava, e era toda amor. Entretanto, não conseguia receber nada. Simplesmente, não conseguia. Ou seja, ela tinha um comportamento patológico!

Se uma vizinha fizesse uma torta no sábado e lhe levasse de presente, apenas para lhe dar uma folga e para que ela tivesse uma sobremesa pronta, no fim de semana seguinte ela tinha de fazer uma torta e dar para a vizinha.

Vocês conhecem pessoas assim? Por favor, contem-lhes a minha história para que elas não terminem da mesma maneira. Tive que aprender a mesma coisa.

Ela tinha um medo horrível de um dia ficar em estado vegetativo, porque então estaria *totalmente condenada* a receber. Isso era absolutamente a pior coisa que poderia lhe acontecer na vida. Nós sempre brincávamos com ela e dizíamos: "Você vai se arrepender se não conseguir aceitar esse presente educadamente. Se aceitar a torta, fará com que essa mulher fique feliz." Mas ela não conseguia nos escutar. Tinha medo de ficar vegetando. Um dia, recebemos um telefonema contando que ela havia sido encontrada no banheiro com um grave derrame. Estava paralisada, incapaz de falar, incapaz de se mover, incapaz de fazer qualquer coisa.

Corremos com ela para o hospital. A única parte que ela conseguia mover um pouquinho era mão esquerda. E como tentava usá-la para tirar o tubo do nariz – ela precisava daquele tubo, naturalmente –, amarraram aquela mão que, portanto, também se tornou totalmente inútil. Ela não conseguia mover nem um dedinho. E eu lhe prometi: "Vou ajudá-la a viver até morrer."

Mas não conseguiria ajudá-la a morrer. Algum tempo *antes* do derrame, ela já me havia implorado que lhe desse algo se algum dia se tornasse um vegetal. E eu respondi: "Não posso fazer isso. Como poderia fazer isso com uma mãe que me manteve viva, alimentando-me a cada três horas, dia e noite, com todo o sacrifício, e agora eu devo... Realmente, não posso fazer isso." Ela ficou furiosa comigo.

Então, cometi um erro – ela gozava plenamente de todos os sentidos – quando disse: "Não posso ajudá-la a morrer, mas vou ajudá-la a viver até você morrer" –, e sei que isso a deixou zangada, nem um pouco feliz. Não conseguia entender e respondeu: "Você não é o único médico na família – isso seria muito fácil."

Não dei importância àquilo, graças a Deus, e sou uma "manteiga derretida".

Três dias depois dessa discussão, eu estava de volta à América e recebi um telefonema de casa dizendo que ela havia sido encontrada com um derrame maciço. Voltei imediatamente para a Suíça.

Nós a levamos correndo para o hospital, onde já estavam com um respirador e tudo o mais à sua espera. E ela usou – vocês agora já sabem o que é a mangueira de borracha,* certo? – ela usou a grade lateral de alumínio de sua cama como sua mangueira de borracha. Sacudia tanto aquela grade de alumínio que conseguíamos ouvir o barulho de fora do hospital. Quando entrávamos, ouvíamos o ruído e a raiva. Ela não conseguia falar, e por isso essa era

---

* Durante os *workshops* de Elisabeth, os participantes aprenderam a golpear um colchão com um pedaço de mangueira de borracha para facilitar a expressão da dor, da raiva e da impotência.

a sua única maneira de se expressar. Eu sabia que não ia suportar ficar ouvindo aquele som, embora pudesse entender a sua raiva. Ela estava totalmente impotente e simplismente era obrigada a deixar que as pessoas a lavassem, alimentassem, cuidassem de tudo para ela.

Perguntei-lhe então se gostaria que eu a levasse para uma espécie de abrigo para idosos doentes. Isso foi há muito tempo, quando ainda não tínhamos esse tipo de instituição. Mas o que eu tinha em mente era um local onde as freiras cuidam dos pacientes e simplesmente os amam. Sem máquinas, sem respiradores, sem nada. E ela respondeu que sim, que gostaria disso. Essa foi sua mensagem real, clara.

Na Suíça, é muito difícil encontrar locais decentes como esse, porque temos uma lista de espera de dois ou três anos. Essa foi a única vez que agradeci por ser trigêmea, pois havia três pessoas que podiam se juntar para encontrar um local para ela. Uma das minhas irmãs é *muito* sedutora; a outra é uma verdadeira política; e eu havia chegado da América, o que significava que tinha dinheiro. *[Risos.]* Isso aconteceu naquele tempo em que um dólar valia muito.

A mim caberia pagar o preço que custasse; minha irmã sedutora ia tentar seduzir o médico *[risos]* para lhe dar um leito; e minha irmã política ia se permitir usar quaisquer truques sujos. *[Risos.]* Quem vocês acham que conseguiu o leito em 48 horas? *[Resposta da plateia: "O dólar?"]*

Não na *Suíça*, graças a Deus! *[Gargalhadas.]* A sedutora! *[Admiração na plateia.]* Em 48 horas, ela conseguiu um leito! Jamais lhe perguntamos como o adquiriu. *[Gargalhadas.]* Ela conseguiu um leito na Basileia – minha mãe estava em Zurique que, como vocês sabem, fica bem distante da Basileia –, que acabara de ser desocupado em razão da morte de alguém. Portanto, tinha de ser tudo rápido.

A viagem de Zurique à Basileia com minha mãe foi a melhor viagem que já fiz em toda a minha vida com um paciente em estado crítico. Antes, tive que esvaziar a casa dela. Vocês sabem o que é se desfazer de tudo o que pertence à sua mãe? *[Com um leve tremor na voz.]* Ela ainda estava viva, mas jamais poderia novamente estar entre seus quadros, livros, roupas, praticamente tudo. Esse era igualmente *meu* último lar materno, e por isso eu também abandonava a chance de voltar para casa, qualquer que fosse ela.

Fiz uma lista de todas as coisas a que ela era um pouco ligada, como... Um dia, nós lhe demos um pequeno chapéu de *mink*, no Natal seguinte, a estola, sabem? Todos nós economizamos dinheiro para comprar aquele chapéu e aquela estola de *mink*. Ela tinha muito orgulho daquele chapeuzinho, porque minha mãe era uma mulher muito modesta. Fiz uma lista de todas aquelas coisas e contratei uma ambulância para levar-nos de Zurique à Basileia. Comprei também uma garrafa de *eggnog** – um *eggnog* temperado, chamado "Ei-Cognac". Tem mais conhaque do que ovos. *[Risos.]* Acho que vocês não têm isso aqui. É um drinque holandês delicioso. Não se sabe que está embriagado, mas sente-se. *[Risos.]* Ninguém da nossa família jamais bebeu álcool, mas naquele momento eu precisava de uma garrafa de conhaque com ovos.

Eu e minha mãe fomos até a Basileia na ambulância. Eu trazia comigo aquela lista de todas as coisas que ela amava e para as quais eu precisava encontrar um destino. Propus-lhe que fizesse o som "hrrr" quando eu encontrasse a pessoa certa para a coisa certa.

Para cada uma de suas coisas que estavam na minha lista, citei todos os possíveis candidatos, como a esposa do carteiro e a esposa do leiteiro. Mencionava um nome, e nada acontecia; mencionava

---

* Bebida preparada com ovos batidos com açúcar, leite ou creme e uma bebida alcóolica. (N. R.)

outro, e ainda nada; mencionava outro nome... e toda vez que eu mencionava a pessoa certa, se ela de repente fizesse "hrrr", eu escrevia ao lado do chapéu, ou da estola, o nome de quem deveria ficar com ele. E toda vez que eu acertava em cheio... *[demonstra como ambas bebericavam o conhaque de ovos]*, tomávamos um gole. *[Risos.]* Quando chegamos à Basileia, a garrafa estava quase vazia, mas *[com riso na voz]* a *lista* estava completa. Essa foi a conclusão da minha última tarefa inacabada com mamãe, e foi a viagem mais divertida que fiz com um paciente em toda a minha vida.

Mas então ela chegou a esse hospital, uma construção de duzentos anos, e as grades laterais da cama eram de madeira dura e não podiam ser sacudidas. No abrigo da Basileia, nós a privamos do seu "chocalho". Sabem, aquele era o seu brinquedo, sua única maneira de expressar raiva e impotência. E *eu* pensei: "Bem, isso só vai durar alguns dias, e até então ela vai lutar."

Mas ela *existiu* dessa maneira por quatro anos. Quatro anos! Nenhum som. Nenhuma maneira de se expressar. Ela olhava para mim e eu me sentia culpada. Ela tinha a habilidade de me fazer sentir culpada apenas com o olhar.

Eu estava furiosa com Deus. Eu queria fazer picadinho dele se tivesse chance. Usei todos os idiomas: suíço, francês, italiano, inglês, tudo. Ele não se moveu. Não deu nenhuma resposta. Nada. E eu lhe disse: "Seu...!" *[em uma voz zangada]* na *nossa* língua. E não consegui absolutamente nenhuma reação dele, o que me deixou ainda mais furiosa.

Sabem, podemos chamá-lo de todos os nomes, e ele simplesmente continua ali amando-nos. *[Ela rosna com uma raiva zombeteira. Risos.]* É como quando estamos realmente furiosos, e alguém nos chama de "doçura". *[Risos.]* Poderíamos matá-lo. Mas ele já está *morto*. Não podemos sequer matá-lo. E passei por todo o ciclo da raiva, barganha, depressão, culpa e tudo o mais.

Essa minha raiva durou não apenas os quatro anos em que ela continuou *existindo* naquele corpo, mas, semanas e meses depois de sua morte, eu ainda tentava rever minha opinião sobre Deus. Realmente precisava enfrentar isso. Pensava: "Ele não pode ser tão...! Mas como um Deus amoroso, compassivo, compreensivo, pôde deixar sofrer essa mulher que passou 79 anos amando, doando-se, cuidando e compartilhando?" Ou seja, esse não é Deus. Esse é o outro, e eu não quero ter nada a ver com ele. Essa era a minha opinião.

E então, meses depois de sua morte – desnecessário dizer que ficamos muito aliviados e satisfeitos quando ela finalmente morreu –, eu... não sei como dizer isso, mas um dia revi minha opinião sobre Deus. E, no momento em que percebi o que tudo isso significava, tive um grande choque. E disse-lhe: "Obrigada, obrigada, obrigada, obrigada! O Senhor é o homem mais generoso que jamais existiu." Tinha uma certa implicância com os homens mesquinhos. *[Risos.]* Os homens mesquinhos foram meu maior problema no meu primeiro *workshop*. Por isso, chamar Deus de homem generoso foi o maior cumprimento que eu lhe poderia fazer *[risos]*, e tinha de ser um homem, não uma mulher, porque eu tinha implicância com os homens mesquinhos, não com as mulheres mesquinhas. Por isso, quando *finalmente* fiz essa revisão, tive um grande choque e reconheci: "O Senhor é o homem mais generoso que existiu."

O que de súbito me veio à mente naquele dia é que, de um modo ou de outro, recebemos e entendemos nossas lições e *nós* mesmos somos os únicos responsáveis pelas lições que *recebemos*. Como eu pelo menos *sabia* disso, não deveria ter sido esta uma lição tão difícil, mas finalmente entendi o que ele fez por ela, coisa que só podemos enxergar se tomarmos uma certa distância. Quando nos sentamos à cabeceira, ao lado do nosso irmão, somos tão pouco objetivos que não conseguimos enxergar. Mas, se vamos para Timbuktu, ou se vamos para o deserto e meditamos, ou se vamos para o Arizona e nos afastamos, ou qualquer coisa que façamos... precisamos nos distanciar para enxergar com clareza.

E com o meu distanciamento do sofrimento horrível de minha mãe, que me atribuía culpas com seus olhares, finalmente vi que este é o Deus mais generoso, porque permitiu que minha mãe desse sem cessar e amasse durante 79 anos, e ela só teve que aprender a receber durante quatro anos.

Vocês entendem isso? Generoso...

Hoje em dia, se vejo alguém que tem de aprender isso da maneira mais difícil porque não aprendeu da maneira fácil, sei com certeza que é obra dele. Mas não é assim que nos ensinam. Entretanto isso nos foi transmitido antes, e então realmente tínhamos consciência de que nós, nós mesmos, somos responsáveis por qualquer coisa que não ouvimos, que não conseguimos ouvir. Foi isso que eu quis dizer antes: temos que enfrentar um grande desdobramento do caminho. Se não o reconhecermos, da próxima vez vamos topar com um ainda maior, que pode até nos esmagar.

∞

Durante cerca de um ano, meus alunos me ensinaram que eu tinha que relaxar, tinha que aprender D & R. Não sabia o que era D & R, isso não existe no meu vocabulário. Por mais que eu perguntasse, diziam-me que D & R significava "descanso" e "relaxamento". Dois minutos depois, já me esquecia; continuava no mesmo ritmo e não descansava nem relaxava.

Da última vez que perguntei, disseram-me: "Você realmente tem que relaxar agora. Saia um pouco. Você não pode fazer tudo, tem que aprender a descansar. Não pode continuar trabalhando

17 horas por dia, sete dias por semana." E, claro, eu ouvi, certamente eu ouvi, e pensei comigo mesma que, quando viajasse, descansaria.

Então, em agosto de 1988, tive o meu primeiro derrame e fiquei paralisada. Não conseguia falar. No início de dezembro de 1988, disseram que, se eu *realmente* não praticasse D & R naquele momento, eu teria outro... outro pequeno derrame.

Se não aprendemos na primeira lição, dão-nos uma outra e mais difícil. Assim, agora estou praticando D & R, e este é o meu primeiro *workshop*, em séculos, em que fico um pouco sentada.

Agora, *se* eu tivesse dado uma overdose à minha mãe, ela teria tido que voltar, teria tido que começar do zero e aprender a receber. Talvez ela tivesse tido que nascer com uma espinha bífida, ou nascer paralisada, incontinente, ou algo assim, de modo que alguém tivesse que limpar suas "sujeiras"... como vocês chamam isso? Fazer sua higiene? E talvez tivessem também que alimentá-la e fazer *tudo* para ela, para que fosse *obrigada* a aprender a receber.

Mas ao dizer-lhe NÃO, porque eu realmente a amava – ainda a amo –, foi-lhe poupado todo um tempo de vida de agonia. Vocês entendem o que quero dizer com isso?

Não podemos salvar as pessoas porque, se o fizermos, elas ainda vão ter que aprender a lição da qual as salvamos. E é por essa mesma razão que não podemos entrar numa escola e tomar os testes de uma outra pessoa para obtermos permissão para fazer residência médica nos Estados Unidos, se estamos na área médica, ou receber um dipoma no lugar de outra pessoa. Cada um tem de agir por si. O amor, o amor real é a resposta. Meus mestres me dão a melhor definição do que significa o amor: o amor real é aquele que permite que o outro aprenda suas próprias lições sem tentar salvá-lo. Amar é saber quando colocar rodinhas auxiliares na bicicleta da criança e também saber quando retirá-las. Isso é amor. Retirar as rodinhas auxiliares é muito mais difícil do que colocá-las, mas apesar disso, no devido momento, será *necessário* retirá-las.

Por isso, se alguém quer ser salvo – com essa conotação da palavra –, diga-lhe com todo o amor que a lição que ele vai aprender nessa agonia é algo escolhido de antemão, a que tem de enfrentar para passar no seu teste. Se tentarmos mascarar isso, tornando as coisas mais fáceis para ele, vamos lesá-lo em um salto significativo de progresso e ele vai nos odiar por isso, porque Deus sabe quanto tempo vai demorar para que ele volte a ter mais uma chance de aprender essa lição.

Vocês todos entenderam isso? É muito tênue a linha divisória entre ser um salvador e ser realmente alguém que presta *ajuda*, um ser humano decente. É muito importante que entendam isso.

[Uma mulher da plateia acha que Elisabeth se contradiz quando diz que devemos evitar salvar alguém que está em uma situação difícil e pede ajuda.]

Não, você *pode* ir até o ponto de esgotar todos os seus recursos. Se me deparo com alguém que sente muitas dores devido a um câncer, eu lhe ministro um potente analgésico. Se encontro alguém em quem detecto um transtorno bipolar não diagnosticado, naturalmente lhe dou lítio. É o mais longe que podemos ir como médicos. Há um limite para o que podemos satisfazer com relação ao que nos é solicitado. Amor real é dizer: "Não, obrigada. Isso é o máximo que posso fazer por você. O resto, você tem de fazer sozinho."

Sim, é difícil. Não é fácil. Muitas vezes, não sei se é decente prolongar a vida de uma pessoa. Talvez ela não consiga ter função nenhuma na vida, e, como médica, fui treinada para usar todos os mecanismos existentes de manutenção da vida. E então sei que, se fosse comigo, não gostaria que fizessem isso. Mas aqui na América temos processos legais. Somos obrigados a fazê-lo.

Em segundo lugar, se um membro da família nos lança um olhar de censura, dizendo que não tentamos isso e aquilo, temos que decidir se vamos atender as necessidades reais do paciente ou se vamos cuidar daquele membro da família que deixou de concluir tantas tarefas, ainda inacabadas, em relação ao paciente que não consegue deixá-lo partir. Não é tudo preto ou branco. Não é absolutamente fácil.

Pessoalmente, sou 150% contra a eutanásia. Pois não sabemos por que as pessoas têm que passar por aquela determinada lição. E, se tentarmos salvá-las, seremos amaldiçoados. Entendem o que eu quero dizer? É muito importante.

[Pergunta da plateia: "Você poderia explicar como o fato de nos livrarmos da nossa tarefa inacabada nos ajuda a crescer espiritualmente?"]

Para mim, é a única maneira. Quanto tempo você tem? *[Risos.]* Se não se importam, vou lhes contar rapidamente como me livrei do meu Hitler. Isso vai requerer no mínimo 15 minutos.

MEU PAI

Temos que nos tornar honestos. Essa é uma exigência absolutamente fundamental. Não podemos ser impostores. Não me refiro aqui a sermos honestos com os outros, mas com nós mesmos. Quando nos tornamos ofensivos, negativos, furiosos, odiosos, desagradáveis, devemos reconhecer que isso é problema *nosso*, não dos outros.

Vocês sabem, dou *workshops* no mundo todo para ajudar as pessoas a se livrarem de suas tarefas inacabadas. Anos atrás, fui convidada para dar um *workshop* no Havaí. Costumamos buscar alguns velhos conventos, porque eles oferecem um espaço amplo, um ambiente maravilhoso, na maioria das vezes estão vazios, não são caros demais, e a comida é razoavelmente decente. Essas são nossas exigências básicas. Além disso, naturalmente, quando gritamos a polícia não aparece. Por isso, tem de ser um lugar realmente afastado.

Não conseguíamos encontrar um lugar assim no Havaí. Estávamos prestes a desistir da coisa toda, quando uma mulher me telefonou:

– Doutora Ross, acabamos de encontrar o lugar ideal. O único problema é que só podemos consegui-lo para a senhora em abril do próximo ano.

Estou sempre agendada com dois anos de antecedência, e então isso não me aborreceu. Além disso, tenho vivido tantas experiências incríveis que sei que estou sempre na hora certa no lugar certo. Portanto, por que me incomodar com detalhes? Certo? *[Risos.]* Por isso, não me incomodei com esses detalhes. Já havia enfrentado muitos problemas por causa disso também. Mas, de todo o modo, respondi:

– Está bem, ótimo. Vamos reservá-lo. – Enviei-lhe um cheque de mil dólares e não pensei mais no assunto.

Cerca de um ano e meio mais tarde, chegou o momento de marcar minha passagem para a ilha e tive de verificar os detalhes. Quando recebi a carta com os detalhes sobre época, local e data, tive um ataque. Tornei-me tão furiosa e desagradável que vocês não acreditariam. Quero dizer, meu ataque durou mais de 15 segundos que mais pareceram 15 dias. *[Risos.]*

Eu estava mais enraivecida do que jamais estivera desde os meus ataques de raiva aos dois anos de idade. Quando o nosso quadrante emocional reage exageradamente, o quadrante intelectual vem em nosso auxílio imediatamente. Porque nunca poderíamos reconhecer que aquilo somos nós. Então, minha mente se manifestou: "Idiotas! Eles me deram justamente a semana da Páscoa! A semana da Páscoa para um dos meus *workshops*... isso é impossível!" E eu *os* culpei por me cederem aquela data. Argumentei comigo mesma: "Sabe, tenho filhos em casa, viajo demais e não os vejo o suficiente. Da próxima vez, *eles* vão não somente me tirar de casa na Páscoa, mas também no Natal. Afinal, sou mãe, nunca vejo meus filhos, e a culpa é *deles*!"

Depois pensei: "Que coisa ridícula! Posso pintar os ovos da Páscoa no fim de semana anterior ou no fim de semana posterior. Não vai ser assim *tão* terrível."

Mas a minha justificativa seguinte foi: "Não, a Páscoa será terrível para um *workshop*, porque não vamos conseguir a presença de nenhum católico. Também não teremos nenhum judeu, porque a Páscoa deles também é na mesma época. E dar um *workshop* somente para protestantes é algo que não vou *suportar*." *[Risos e aplausos.]* Realmente levo isso muito a sério, porque, para mim, a beleza dos meus *workshops* está em reunirmos todas as raças, todos os credos, todas as idades – desde crianças de 11 anos em estado terminal até velhas senhoras de 104 anos. E, se houver apenas pessoas de um mesmo tipo, não aprenderemos que somos todos iguais, que todos viemos da mesma fonte e para ela retornamos.

Muitas eram as desculpas, mas não quero sobrecarregá-los com todas elas. Fui muito *bem* – quero dizer, sou uma psiquiatra, crio desculpas *muito* boas para ficar zangada, vocês não têm ideia!

E nada funcionava! Nada!

Voei para o Havaí, a pessoa mais mal-humorada que vocês já viram. Fiquei louca com meus companheiros de voo por estarem bebendo e todo esse tipo de coisa. Ou seja, estava absolutamente desagradável.

Quando vi o lugar que me haviam designado para quarto – era um colégio interno para meninas –, tive outro ataque de raiva. Quase matei o rapaz que me forneceu a chave. E é preciso que vocês entendam por que eu estava agindo daquela maneira. Nasci trigêmea. Ser trigêmea é um pesadelo, porque, naquela época, vocês sabem, usávamos sapatos iguais, vestidos iguais, roupas iguais, fitas iguais, boletins iguais... porque as professoras não sabiam quem era quem e por isso davam a mesma nota para nós três. *[Risos.]* Até nossos urinóis eram iguais! Tínhamos que urinar ao mesmo tempo *[risos]* e não podíamos nos levantar da mesa até que todas as três tivessem terminado. *[Risos.]* Isso é uma grande bênção, agora sei e, sem ela, não tenho dúvida de que não teria feito o que fiz. Porque, quando me tornei mais tarde uma pessoa pública, conseguia fazer palestras para duas ou três mil pessoas em Nova York, depois autografar trezentos livros, sair correndo para o aeroporto Kennedy e entrar no avião e, então, eu simplesmente *tinha* de ir ao banheiro. Entrava lá rapidamente e, no minuto em que me sentava, uma mão surgia pela porta com um livro: "Poderia autografá-lo?" *[Gargalhadas.]*

Vocês entendem por que eu tinha de ser criada como trigêmea? Era uma preparação para o trabalho da minha vida.

Por isso, se vocês, como eu, nunca jamais tiveram nenhum espaço privado, acabam se tornando muito sintonizados com as necessidades que as outras pessoas têm dele. Quando entrei no tal quarto do colégio interno para meninas, percebi que aquele... (chamei-o de escroque)... aquele escroque havia mandado todas as crianças para casa durante a semana da Páscoa para poder alugar os quartos e ganhar dez mil dólares. Ganhar dinheiro eu posso entender, mas o que eu não podia absolutamente desculpar naquele sujeito era o fato de ele não ter dito às meninas que outras pessoas iriam ocupar seus quartos. E qualquer mãe sabe que as crianças não deixam certas coisas sobre a mesa se sabem que outra pessoa vai ocupar seu quarto, certo?

Portanto, para mim aquilo foi como se estivesse entrando no espaço sagrado e privado de uma criança. E eu realmente achava que não poderia usar sua cama ou seu espaço. Estava mais *furiosa* do que nunca.

Então aquele homem cometeu o erro de se convidar para o meu *workshop*. Eu o odiava tanto que não consegui dizer não. No jantar, ele ficou na extremidade da mesa a que *meu* grupo estava comendo e disse com um sorriso doce: "Seu grupo come muito." Sabem o que eu fiz? Eu, uma professora do amor incondicional? Fui até cada participante do *workshop* e disse: "Você não gostaria de terminar este espaguete? Que tal comer as últimas almôndegas? Não queremos deixar nada. Vamos terminar a salada! Tome mais um biscoito!" Era como que uma obsessão. Não consegui deixar a mesa enquanto havia uma migalha de pão sobre ela. Essa foi a minha vingança. *[Risos.]*

Mas, vocês entendem, eu não sabia disso na época. Sentia-me impelida: "Vou mostrar a esse sujeito que o *meu* grupo pode comer." Aqueles que comeram quatro vezes, eu os amei quatro vezes mais do que aqueles que comeram porções pequenas. Estava me sentindo desagradável, mas não conseguia me controlar. E não parei enquanto havia alguma comida sobre a mesa.

À noite, fizemos o teste do desenho. Distribuímos às pessoas uma folha de papel e uma caixa de lápis de cor. Aquele sujeito disse muito casualmente: "Dez centavos cada folha de papel." Isso é que é uma escola! Sessenta e nove centavos pelo *uso* de uma caixa de lápis de cor. Vinte e cinco centavos por uma xícara de café. Foi assim a semana toda. Cinco centavos, 25 centavos, 17 centavos.

Na quarta-feira, reunimo-nos no meu *workshop*, e eu estava ensinando o amor incondicional. Mas não conseguia olhar para aquele sujeito, porque senão alguma coisa aconteceria. *[Risos.]* Estava tão esgotada, vocês não fazem ideia. Estava exausta, tentando manter as pálpebras abertas. Não sabia o que estava acontecendo. Mais tarde, na própria quarta-feira, percebi que eu realmente me via mentalmente colocando aquele sujeito em um cortador de carne. *[Risos.]*

Na quinta-feira, queria colocar iodo em cada fatia de carne. *[Risos.]* Na sexta-feira, já não consigo me lembrar do que era, mas tratava-se também de algo horrível.

Na sexta-feira ao meio-dia, deixei o *workshop*. Ele foi um sucesso, exceto pelo fato de que eu estava acabada, não tinha me restado nem uma gota de energia. Entretanto, em geral eu trabalho sete dias por semana, 17 horas por dia, e continuo muito disposta. Eu sabia que alguém que me passara despercebido havia pressionado o botão do Hitler que existe dentro de mim. Nunca me havia sentido tão suja, tão desagradável, tão má, tão implicante... Vocês nem podem imaginar. Então deixei aquele lugar rapidamente, antes que ocorresse um homicídio. *[Risos.]*

Dirigindo-me ao avião, mal consegui subir os degraus. Estava fisicamente exausta. Primeiro fui até a Califórnia, onde ia encontrar alguns amigos, e então planejei ir a Chicago, esperando ter um Domingo de Páscoa adorável. No avião, durante toda a viagem para a Califórnia, tentava insistentemente resolver aquela questão: "O que aquele sujeito fez, que tipo de botão ele pressionou em mim?"

Ao aterrissarmos na Califórnia, de repente tomei consciência de que sou muito alérgica a homens mesquinhos. *[Risos relutantes.]* Chamo de "homens mesquinhos" o que vocês chamam de "avarentos". Porque agora eu estava plenamente consciente de que, se ele tivesse sido suficientemente honesto para dizer: "Precisamos de mais dois mil dólares. Subestimamos os custos", eu lhe teria feito um cheque. Mas, quanto menor a quantidade, maior a minha vontade de matá-lo. Não sabia de onde vinha aquilo. Não tinha ideia.

Qualquer pessoa que queira trabalhar para a Shanti Nilaya precisa firmar dois compromissos. Um deles é fazer suas visitas domiciliares e o seu trabalho com os pacientes gratuitamente, de modo que nunca venha a cobrar um centavo. O outro compromisso, mais difícil de cumprir, é que, a cada vez que ela entrar em contato com o Hitler que existe dentro de si, tem de trabalhar nisso até se livrar dele. É claro que ninguém pode sair pregando uma coisa sem praticá-la. Assim, agora eu sabia que tinha de me livrar do que quer que fosse.

Também temos uma regra segundo a qual nunca podemos pedir uma coisa a alguém mais de três vezes. A razão disso é que, se pedirmos uma coisa a alguém mais de três vezes, nós o privamos da livre escolha. E tem de ser escolha *dele* se aquilo que você lhe solicita vai ser dado de livre e espontânea vontade.

Então, indo ao encontro de meus amigos na Califórnia, pensei que talvez pudesse escapar de três perguntas sobre o *workshop*. Quando cheguei lá, eles perguntaram:

– Como foi o *workshop*?

– ÓTIMO – respondi.

– Como foi seu *workshop*? – perguntaram de novo, percebendo o tom áspero da minha voz.

Acrescentei mais duas palavras antes do "ótimo", e isso soou muito desagradável. A terceira vez que eles perguntaram, fizeram a pior coisa que se pode fazer com alguém que está sendo realmente desagradável: ser suave com ele. Colocaram as mãos sobre a minha cabeça e, da maneira *mais suave possível*, pediram:

– Conte-nos tudo sobre os coelhinhos da Páscoa.

Então, explodi:

– Coelhinhos da Páscoa! Vocês devem estar brincando. Tenho cinquenta anos de idade. Sou médica. Psiquiatra. Não acredito mais em coelhinhos da Páscoa. – Fiz essa declaração estapafúrdia e, no fim, acrescentei: – Se vocês querem falar dessa maneira com seus clientes, saibam que *essa* é uma escolha sua, mas não o façam *comigo*.

E exatamente no instante em que disse "mas não o façam comigo", desatei a chorar e soluçar, e chorei durante oito horas. E todo o meu reservatório de tarefas inacabadas, reprimido por quase meio século, foi escoando como um oceano sem fim. E, quando compartilhei o sofrimento, a angústia, as lágrimas, a agonia e a injustiça, as lembranças surgiram como sempre acontece ao esvaziarmos o nosso reservatório. Quando externei minhas emoções – minhas emoções engarrafadas –, surgiram as lembranças de quando eu era muito, muito pequena.

Minha irmã idêntica estava sempre no colo do meu pai. Minha outra irmã estava sempre no colo da minha mãe. Não havia um terceiro colo sobrando. Eu precisava esperar Deus sabe quanto tempo para um deles me pegar. E como eles nunca me pegavam e nunca me colocavam no colo, comecei a rejeitá-los, porque não conseguia tolerar a situação de outro modo. E me tornei uma menina de dois anos muito arrogante, que dizia: "Não preciso de *vocês*. Não me toquem." Como se fosse independente.

Meus objetos de estimação passaram a ser os coelhinhos. Eu tinha coelhos. Sei agora que eles eram as únicas criaturas vivas que me distinguiam da minha irmã, porque eu os alimentava e sempre se aproximavam de mim quando eu chegava. Amava-os acima de qualquer coisa. Tenho certeza de que as pessoas poderiam ser educadas pelos animais. Estou absolutamente certa disso.

Meu problema era que meu pai era um suíço econômico. Todos eles eram econômicos, mas não mesquinhos. Espero que vocês entendam a diferença. *[Risos.]* A cada seis meses, sentia vontade de comer um assado. Ele podia dar-se ao luxo de *qualquer* assado, mas *ele* queria comer um assado de coelho. Há cinquenta anos eles eram muito autoritários, e assim ele me ordenava que escolhesse um dos meus objetos de estimação e o levasse ao açougueiro. E *eu* tinha – sabem, como um executor – que escolher um coelho – a vez de qual deles seria? Tinha que escolher um dos meus coelhos e carregá-lo montanha abaixo, durante uma hora e meia, e levá-lo até o açougueiro. Era uma tortura! Em seguida, tinha que entregá-lo ao açougueiro; depois de um tempo, ele trazia um saco de papel com a carne quente dentro. Tinha que carregar a carne montanha acima durante mais uma hora e meia e deixá-la na cozinha de minha mãe. Mais tarde, tinha que me sentar à mesa da sala de jantar e ficar vendo minha família comer o meu amado coelhinho.

Como eu era uma criancinha muito arrogante, que encobria minha insegurança e minha inferioridade com arrogância, tomava o maior cuidado para não deixá-los saber quanto me magoavam. Vocês entendem: "Se vocês não me amam, também não vou lhes dizer quanto isso me magoa." Nunca expressava isso. Nunca chorava. *Jamais* compartilhava com um ser humano o meu sofrimento, a minha angústia e a minha tortura. Guardava tudo isso dentro de mim. Demorava cerca de seis meses para me recuperar, e aí havia chegado a hora do próximo coelhinho.

Bem, durante essa regressão, em que todas as minhas lembranças vieram à tona e as lágrimas rolavam, tornei-me novamente uma menina de seis anos e meio e me lembrei, como se fosse a véspera, de quando me havia ajoelhado na grama para falar com meu último coelhinho, que era também o que eu mais amava. Ele se chamava Blackie. Era preto como carvão, absolutamente maravilhoso e muito bem alimentado com folhas tenras de dente-de-leão. Eu lhe implorei que fugisse, mas ele me amava tanto que não se moveu. Então, finalmente, tive que levá-lo ao açougueiro.

Fui até lá e lhe entreguei Blackie. Depois de um tempo, ele retornou com o saco de papel e disse: "Que droga, você tinha que me trazer esta coelha? Dentro de um ou dois dias ela ia ter coelhinhos." Eu não sabia que era uma coelha. Fui para casa como um robô. Nunca mais tive coelhos. Nunca jamais compartilhei meu sofrimento e minha angústia.

Hoje – como psiquiatra – entendo que, depois que esse último coelhinho foi sacrificado, tive que me reprimir para não tomar consciência de todas as minhas lágrimas e gritos internos. Toda vez que encontrava um homem econômico, tinha de me reprimir cada vez mais.

Meio século mais tarde, deparei-me com aquele homem especialmente econômico. E quase o matei. E não digo isso simbolicamente. *[Risos.]* Não, vocês realmente têm que saber. Se na sexta-feira de manhã aquele homem tivesse me pedido mais um níquel, ele estaria morto e eu na cadeia. *[Risos.]* Não estou contando isso como uma piada. Foi a gota d'água, porque minhas defesas estavam começando a desmoronar.

Agradeço a Deus por termos esse método de externalização usado nos *workshops* porque, quando dei vazão a tudo isso com meus amigos na Califórnia, passei a ser capaz de relacionar e entender de onde vinha a minha alergia aos "homens mesquinhos". Agora posso ver cem homens mesquinhos e percebo que isso é problema deles. Não é mais problema meu.

DIAGNOSTICANDO COELHINHOS PRETOS

Para manifestar minha gratidão por ter estado em um lugar seguro com pessoas que realmente conseguiram me ajudar no diagnóstico de minha tarefa inacabada, voltei ao Havaí, e perguntamos, em uma prisão, se poderiam dar-nos permissão para diagnosticarmos o "coelhinho preto" de cada um de seus prisioneiros. Demorou muito para eles confiarem em nós. Finalmente, obtivemos permissão para fazer o que queríamos. Dois anos atrás, o primeiro – assim chamado – criminoso foi libertado sob a nossa custódia. Esse homem usa agora o sofrimento e a angústia da sua vida para ajudar outros jovens a não terminarem na cadeia.

Quando compartilhei a história do meu coelhinho preto naquela prisão, um homem idoso me perguntou:

— A senhora não tem medo de ficar trancada aqui com todos estes criminosos?

— Se vocês são criminosos, eu também o sou.

E espero que vocês entendam que eu realmente penso isso. Há essa possibilidade em todos nós.

Contei-lhe a história do meu coelhinho preto. E um homem muito jovem, que podia ser meu filho (ele ainda não tinha nem barba), deu um salto e exclamou:

— Meu Deus, agora eu sei porque terminei na cadeia.

E compartilhou conosco uma história muito breve. Disse que, aos quatorze anos e meio, certo dia, quando estava na escola, sentiu de repente uma enorme urgência de ir para casa. (Quando sentimos essa enorme urgência sem participação do nosso intelecto, significa que ela vem do quadrante intuitivo. Isso já indica que, para um menino de quatorze anos e meio ter essa consciência, ele deve ter sido criado com muito amor.) Seguiu o seu ímpeto e correu para casa. Foi direto para a sala. As crianças havaianas não entram na sala, mas ele entrou lá direto e viu seu pai caído, meio sentado em um sofá, com o rosto totalmente acinzentado. Ele disse que sentia tanto amor por seu pai que não precisou gritar, não precisou chamar ninguém: sentou-se atrás dele, segurou-o nos braços e simplesmente o amou. Depois de dez minutos, percebeu que seu pai havia parado de respirar. Disse que foi um momento de tanta paz que ele não quis sair dali para chamar alguém; queria apenas ficar algum tempo sentado ali.

Naquele momento, sua avó paterna entrou. Ela sofria problemas horríveis de competição e inveja. Gritou com ele e o culpou por causar a morte do filho dela. E ele nos contou:

— Eu simplesmente reprimi tudo. Não queria destruir aquele momento sagrado. — Por isso, não respondera às suas acusações.

Três dias mais tarde, durante o funeral havaiano, quando toda a comunidade e toda a família e parentes estavam reunidos, essa avó novamente explodiu e o responsabilizou publicamente pela morte de seu pai. E, mais uma vez, ele disse:

– Eu tinha que ficar quieto. Não queria arruinar o funeral de meu amado pai.

Dois anos e meio mais tarde, ele foi encontrado do lado de fora de um armazém, com um... como é que vocês chamam essas coisas?... um rifle... apontado na direção da têmpora de uma velha resmungona e de aspecto infeliz. Ele simplesmente ficou ali, Deus sabe quanto tempo. Depois de um tempo, olhou para o rosto dela e pensou: "Ó meu Deus, o que estou fazendo aqui? Não queria machucá-la." Pediu desculpas, deixou cair o rifle e correu para casa.

Mas, em uma comunidade, vocês sabem, eles pegam as pessoas depressa. Foi condenado a vinte anos de cadeia.

∞

Não existem seres humanos ruins. Há um livro infantil maravilhoso em que as crianças escrevem cartas para Deus. Uma carta diz: "Deus não fez lixo." Lembram-se disso? Todo o mundo nasce perfeito. Se o seu quadrante físico não é perfeito, você foi dotado com um quadrante espiritual mais aberto. Todo o mundo é perfeito. E, se as pessoas acabam não sendo perfeitas, é porque não experimentaram amor e compreensão suficientes.

Por isso espero que, depois da Páscoa, que é uma época maravilhosa para se realizar esse tipo de trabalho, vocês olhem para o seu próprio coelhinho preto e, quando virem alguém que vocês odeiam, tentem entendê-lo e não julgá-lo.

[Com uma voz calorosa, alegre e feliz:] Obrigada e boa Páscoa para vocês! *[Aplausos.]*

CARTA A UMA CRIANÇA COM CÂNCER

TAMBÉM CONHECIDA COMO *CARTA A DOUGY*

Escrevi esta carta em 1978, em resposta a um menino de nove anos que estava com câncer. Ao me escrever, fez-me três perguntas muito comoventes: "O que é a vida?... O que é a morte?... E por que crianças pequenas têm de morrer?"

Tomei emprestadas as canetinhas coloridas de minha filha e escrevi a Dougy uma cartinha em linguagem simples, ilustrei-a e lhe enviei. Sua reação foi muito positiva, e, desnecessário dizer, ele se sentiu muito orgulhoso de ter um livrinho ilustrado muito especial, feito pela Elisabeth. E o compartilhou não apenas com seus pais, mas também com os pais de outras crianças em estado terminal.

Antes da sua morte, deu-me permissão para publicá-lo, para ajudar outras crianças pequenas a entenderem essas questões muito importantes.

Elisabeth Kübler-Ross

Carta a uma criança com câncer

Por Elisabeth Kübler-Ross

Para Dougy

de Elisabeth

Escrita para você
no último dia de
maio de 1978

Esta é uma história sobre a

Vida

e sobre as tormentas, sobre as sementes que plantamos na primavera, sobre as flores que florescem no verão e sobre as colheitas no outono.
E sobre a

Morte

que chega cedo na vida e, para algumas pessoas, tarde...

e o que tudo isso significa.

Imagine o início da vida e Deus, que criou todas as coisas — como o sol que brilha sobre o mundo e nos aquece, que faz as flores crescerem e cujos raios sempre cobrem a terra, mesmo quando as nuvens impedem que a gente os veja.

Deus sempre nos vê. Seu Amor sempre brilha sobre nós, e, não importa se somos pequenos ou grandes, nada pode jamais impedir isso!

Quando as pessoas nascem, começam como sementes minúsculas, iguais às de dente-de-leão que florescem no prado. Algumas terminam na sarjeta, outras em um belo jardim na frente de uma mansão luxuosa, outras ainda em um canteiro de flores...

A mesma coisa acontece conosco. Começamos a nossa vida em um lar rico, em uma família pobre ou em um orfanato; como bebês famintos ou morrendo; amados por pais que nos queriam muito ou que nos adotaram e escolheram pessoalmente.

Algumas pessoas podem chamar isso de O Jogo da Vida, mas você tem que se lembrar que Deus também toma conta do vento e cuida tanto das sementes de dente-de-leão quanto de todas as coisas vivas — especialmente das crianças —, e não há coincidências na Vida! Ele nunca discrimina. Ele ama incondicionalmente. Ele entende. Ele não julga. Ele é todo Amor.

Você e Deus escolheram seus próprios pais entre um bilhão! Vocês os escolheram para poderem ajudá-los a crescer e aprender, e eles também podem ser seus professores. A vida é como uma escola, onde temos oportunidade de aprender muitas coisas — como nos dar bem com as outras pessoas, entender nossos próprios sentimentos, aprender a ser honestos com nós mesmos e com os outros, aprender a dar e receber amor. E, quando passamos por todos os testes (como na escola), temos permissão para nos formar. Isso quer dizer que todos temos permissão para voltar ♥ ao nosso Lar de Verdade — a Deus —, de onde todos nós viemos e onde encontramos todas as pessoas que sempre amamos — como uma reunião de família depois da formatura.

... Esse é o momento em que morremos, em que deixamos o nosso corpo, em que realizamos o nosso trabalho e podemos ir em frente.

No inverno, não conseguimos enxergar vida em uma árvore...

mas, quando chega a primavera, surgem pequenas folhas verdes — uma depois da outra...

e, no final do verão, a árvore fica cheia de frutos e cumpriu sua promessa, sua missão e seu propósito.

No outono, as folhas caem, uma a uma, e a árvore "vai descansar" durante o inverno.

Algumas flores vicejam apenas por alguns dias — todos as admiram e amam como um sinal da primavera e de ESPERANÇA. Então elas morrem — mas fizeram o que precisavam fazer! Algumas flores vicejam durante um tempo muito longo: as pessoas se acostumam com a sua presença, nem prestam muita atenção nelas — da mesma maneira que tratam os idosos: elas os observam sentados em um parque até que um dia eles se vão para sempre.

Tudo na vida é um círculo: o dia segue a noite, a primavera chega depois do inverno.

(Inverno | Primavera | Outono | Verão)

Quando um barco desaparece no horizonte, ele não "sumiu" apenas porque está fora da nossa vista...

DIA / NOITE

(HOMEM: Espiritual (Deus) | Intelectual (pensamento) | Emocional (sentimentos) | Físico (corpo))

Deus observa tudo o que ele criou — a terra, o sol, as árvores, as flores e as pessoas — e que tem de passar pela escola da vida antes de se formar.

Quando fizermos todo o trabalho que fomos enviados à Terra para fazer, temos permissão para deixar o nosso corpo, que aprisiona a nossa vida como um casulo encerra a futura borboleta...

... e, quando chega o tempo certo, podemos deixá-lo e então seremos libertados da dor, dos medos e das preocupações — estaremos livres como uma linda borboleta, voltando para casa, para Deus, para um lugar onde nunca estamos sozinhos, onde continuamos a crescer, a cantar e a dançar; onde estamos com aqueles que amamos (que deixaram os seus casulos antes de nós); e onde estamos cercados de mais Amor do que você jamais pôde imaginar!

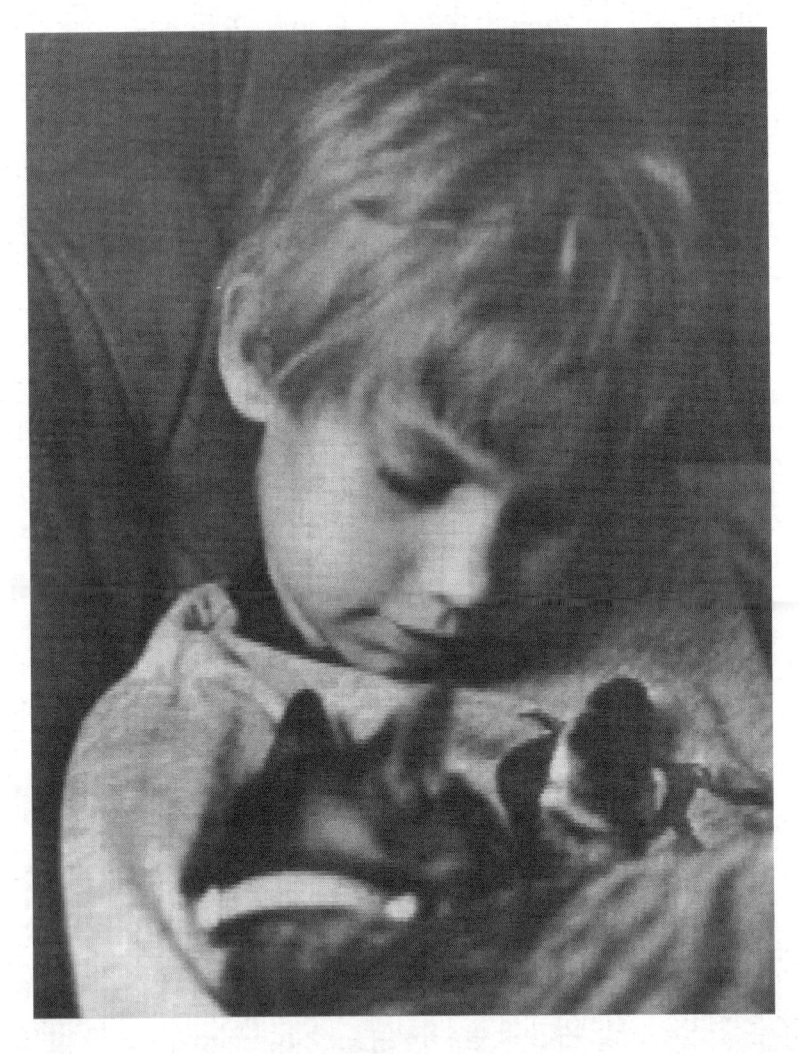

DOUGY

8 de fevereiro de 1968 – 5 de dezembro de 1981

Foto tirada por Megan, irmã de Dougy

Este livro foi composto na tipografia
Adobe Garamond Pro, em corpo 12/15,8, e impresso
em papel off-set no Sistema Digital Instant Duplex
da Divisão Gráfica da Distribuidora Record.